PRINCIPES

DE

PLAIN-CHANT

A L'USAGE DES ÉCOLES

Par un Membre de l'Institut
Des Petits-Frères-de-Marie.

SOMMAIRE.

Écriture, Rhythme, Mouvement. — Théorie, Caractères et Transposition
des Modes. — Qualités, formation et conservation de la Voix.
Solmisation, Vocalisation, Accentuation. Chant en Chœur,
Psalmodie et autres parties de l'Office.
Choix de Morceaux. Vocabulaire servant de Table analytique.

LYON	PARIS
ANCIENNE MAISON PÉRISSE FRÈRES,	JACQUES LECOFFRE, LIBRAIRE,
R. Mercière, 47, R. Centrale, 35.	Rue Bonaparte, 90.
BRIDAY, LIBRAIRE,	VICTOR SARLIT, LIBRAIRE,
Place Montazet, 1.	Rue Saint-Sulpice, 25

1865

PRINCIPES

DE PLAIN-CHANT.

CHEZ LES MÊMES LIBRAIRES

TABLEAU DE PLAIN-CHANT . . . . 1 fr.

PRINCIPES DE MUSIQUE ET DE CHANT à l'usage des Ecoles, 1 vol. grand in-18. . . . . 1 fr. 50 c.

RECUEIL D'AIRS A 1, 2 OU 3 VOIX ÉGALES ADAPTÉS AUX CANTIQUES à l'usage des Petits-Frères-de-Marie, suivi de quelques motets pour les Saluts du Saint-Sacrement, 1 v. in-18. . . 1 fr. 75 c.

LES CANTIQUES SEULS; 1 vol. in-18, rel. propre. . . 1 f. 25 c.

Les deux ouvrages réunis; 1 vol. in-18, rel. propre. 2 fr. 75 c.

LYON. — IMPR. DE J. NICOLLE, RUE MERCIÈRE, 47,
Successeur de Perisse frères.

PRINCIPES

DE

PLAIN-CHANT

A L'USAGE DES ÉCOLES

Par un Membre de l'Institut
Des Petits-Frères-de-Marie.

<table>
<tr><td>LYON
ANCIENNE MAISON PERISSE FRÈRES,
R. Mercière, 47, R. Centrale, 34.

BRIDAY, LIBRAIRE,
Place Montazet, 4.</td><td>PARIS
JACQUES LECOFFRE, LIBRAIRE,
Rue Bonaparte, 90.

VICTOR SARLIT, LIBRAIRE,
Rue Saint-Sulpice, 25</td></tr>
</table>

1865

APPROBATION.

Sur le rapport ci-joint de notre Maître de Chapelle, nous approuvons et recommandons instamment les PRINCIPES de PLAIN-CHANT et les PRINCIPES de MUSIQUE, à l'usage des Ecoles, par un Membre de l'Institut des Petits-Frères-de-Marie, les jugeant très-propres à répandre le goût du Chant et à faciliter la bonne exécution de la Musique religieuse.

Lyon, le 5 avril 1865.

† L. J. M. CARD. DE BONALD,
Arch. de Lyon.

RAPPORT DU MAITRE DE CHAPELLE.

J'ai lu, avec beaucoup de soin et avec grand intérêt, les *Principes de Plain-Chant* et les *Principes de Musique*, à l'usage des Ecoles, par un Membre de l'Institut des Petits-Frères-de-Marie.

Ces deux traités sont appelés à rendre un vrai service aux Ecoles et à tous ceux qui veulent enseigner ou apprendre l'art musical. Résultats de la science, d'accord avec une longue expérience, ils sont à la fois complets, précis, méthodiques, clairs et élémentaires. Les conditions de bon marché auxquelles on se propose de les livrer, ne se rencontrent guère avec un ensemble aussi étendu. Je ne saurais donc que désirer vivement la publication de ces traités, auxquels je présage succès prompt et durable, et qui seront utiles au progrès du Plain-Chant et de la Musique religieuse.

Lyon, le 13 juin 1864.

A. S. NEYRAT.

Maitre de Chapelle de la Primatiale.

AVERTISSEMENT.

Faciliter l'enseignement du Plain-Chant, en donner une idée à peu près complète, et le faire d'une manière claire et précise, tel est le but que nous nous sommes proposé en publiant ce petit Traité.

Nous n'avons pas, comme quelques-uns de nos devanciers, adopté la sémiologie moderne, parce qu'elle n'est pas encore généralement reçue, et que nous doutons même qu'elle le soit jamais. Il nous paraît assez convenable que le chant de l'Eglise, comme tout ce qui tient au culte divin, soit distingué du profane, même dans sa forme extérieure. Du reste, cette distinction ne peut que tourner à l'avantage de l'art musical, en habituant les élèves à la transposition et à la lecture sur toutes les clefs.

Nous avons évité toute espèce de rapprochement entre le Plain-Chant et la Musique proprement dite. Malgré leur apparente similitude, ces deux branches du même art diffèrent essentiellement l'une de l'autre par la tonalité et l'exécution. La Musique, restreinte dans ses deux modes, semble vouloir se dédommager par des artifices dont l'effet n'est souvent que superficiel. Le Plain-Chant, au contraire, plus varié dans ses gammes et moins recherché dans la combinaison de ses notes, présente une admirable simplicité qui exprime avec noblesse les sentiments de la piété et qui élève l'âme vers ces régions fortunées où l'on répète avec bonheur toujours le même cantique : SAINT ! SAINT ! SAINT !

Mais pour produire cet heureux effet, il faudrait l'exécuter comme au temps des Chrysostôme et des Ambroise ; alors que la voix des enfants, se mêlant à celle des vieillards, produisait cette mélodie suave qui arrachait des larmes de conversion à un Augustin !...

Il nous semble que le meilleur moyen de parvenir à cette exécution serait l'enseignement journalier du chant dans toutes les écoles. Le temps consacré à cette étude serait certainement un des mieux employés ; car, de l'aveu de tout le monde, le chant peut avoir la plus heureuse influence sur le physique, aussi bien que sur le moral de l'homme ; et les peuples les plus éclairés l'ont toujours regardé comme une des choses les plus nécessaires à l'éducation et à la religion. *Il n'y a*, dit un ancien, *que certains esprits grossiers et mélancoliques qui déprisent cet art, disant que ce n'est qu'une légèreté et un temps perdu.*

Une bonne méthode est un puissant secours pour cet enseignement. Elle abrége le travail des explications théoriques, en fournissant au maître un texte pour ses leçons, et aux élèves un résumé facile à retenir. Dans bien des cas, il suffit de faire faire, à tour de rôle, soit la lecture des principes, soit l'exécution des solféges et des autres exercices, et de rappeler, par quelques sous-demandes, l'attention sur les points importants. De cette manière, l'enseignement du chant est aussi facile que celui de la lecture ; et il y a même cet avantage, que les élèves, habitués à chanter seuls, ont plus d'assurance et plus de justesse dans l'intonation.

Puisse cet opuscule propager l'étude et l'enseignement du Plain-Chant, et contribuer ainsi à la parfaite harmonie des voix s'unissant dans un même esprit pour célébrer la gloire de Dieu !

TABLE.

SECONDE PARTIE.

PRATIQUE DU PLAIN-CHANT.

FIN DE LA TABLE.

PRINCIPES

DE

PLAIN-CHANT.

———◇◇———

PRÉLIMINAIRES.

1. Le Plain-Chant est un genre de musique, selon les tonalités anciennes, adopté par l'Eglise et faisant partie de sa liturgie.

2. La musique est l'art d'exprimer les sentiments de l'âme par le moyen des sons.

3. On appelle son, en général, tout ce que l'oreille entend; mais la musique ne s'occupe que des sons appréciables. c'est-à-dire, de ceux que l'on peut déterminer, imiter ; les autres sont désignés par le mot *bruit*.

4. Le chant est une suite de sons musicaux, rendus, le plus souvent, par la voix humaine.

5. Le Plain-Chant est ainsi appelé, parce qu'il est à la voix, par sa facilité, sa douceur et sa simplicité, ce qu'une *plaine* bien unie est au voyageur.

1

6. En le conservant dans ses offices, l'Eglise s'est proposé d'unir les voix et les cœurs, par un chant qui pût être le chant de tous, l'interprète de la foi de tous. C'est donc entrer dans son esprit que d'y prendre part ; et rien ne serait beau et grandiose comme la voix de tout un peuple chantant les louanges de Dieu.

7. Le Plain-Chant s'appelle encore : *Chant Liturgique*, parce qu'il fait partie de la liturgie, c'est-à-dire, de l'ensemble de tout ce qui se rattache au culte divin ; *Chant Grégorien*, à cause du pape saint Grégoire-le-Grand, qui le modifia et le régularisa, vers la fin du vi^e siècle.

8. On distingue plusieurs espèces de Plain-Chant, savoir : le Romain, qui offre plusieurs variétés ; puis, quelques chants diocésains, tels que le Lyonnais, le Parisien, etc.

Toutes ces espèces de chants suivent à peu près les mêmes principes ; ils ne diffèrent guère que par certaines variantes dans la mélodie, et par quelques détails qui peuvent être facilement remarqués.

9. Celui qui étudie le Plain-Chant, ne doit pas se préoccuper de ces différences : l'essentiel, pour lui, est de se rendre capable de chanter un morceau, d'après la note qu'il a sous les yeux ; et si, plus tard, il fait partie d'un chœur, il devra se conformer aux usages qu'il y trouvera établis.

10. Nous traiterons donc du Plain-Chant en général, sans application à une espèce particulière.

Dans une Première Partie, nous ferons connaître les principes du Plain-Chant et la manière de l'écrire.

Dans une Seconde Partie, nous traiterons de la pratique du Plain-Chant et des moyens d'arriver à une bonne exécution.

PREMIÈRE PARTIE.

PRINCIPES ET NOTATION.

—⋙⋘—

11. On entend par notation l'ensemble des signes dont on est convenu pour écrire toute espèce de musique.

12. Le but de cette première partie est donc de faire connaître les signes employés pour écrire le Plain-Chant, et les principes d'après lesquels on en règle l'emploi.

CHAPITRE PREMIER.

PRINCIPAUX SIGNES EMPLOYÉS DANS L'ÉCRITURE DU PLAIN-CHANT.

13. Les sons employés dans le Plain-Chant se nomment et se succèdent de la manière suivante ,

en montant : *ut, ré, mi. fa, sol, la, si, ut, ré, mi*, etc.

en descendant : *ut, si, la, sol, fa, mi, ré, ut, si, la*, etc.

14. On répète ces syllabes autant qu'il est nécessaire pour désigner tous les sons; et elles se succèdent toujours dans le même ordre, comme les jours de la semaine.

15. Les sons de toute musique ont deux propriétés essentielles : le *ton* et la *durée*.

16. Le ton consiste dans le plus ou le moins d'élévation des sons, autrement dit, dans leurs divers degrés *d'acuité* ou de *gravité*.

17. La durée des sons est le temps employé à les faire entendre.

NOTES.

18. On représente les sons, au moyen de certains caractères appelés *notes*.

19. Les notes expriment la durée des sons par leur forme ;
et, sous ce rapport, il y en a trois principales, savoir :

La longue ou queutée ,

La moyenne ou carrée ,

Et la brève ou losange

20. On trouve encore deux carrées placées ainsi, ; mais
ce n'est là qu'une duplication et non une forme différente.

PORTÉE.

21. Les notes représentent le *ton* des sons, par la place
qu'elles occupent sur un ensemble de quatre lignes, qu'on appelle *portée*; parce que leur réunion *porte* les caractères de
l'écriture musicale.

22. La portée se nomme encore *échelle musicale*; parce
que les lignes qui la composent, forment comme une échelle sur
les degrés de laquelle les sons semblent monter ou descendre, en se plaçant non-seulement sur les lignes, mais encore
dans les interlignes, de cette manière :

23. Par cette disposition, on voit tout d'abord que les notes

les plus élevées désignent, en général, les sons les plus aigus, comme les plus basses désignent les sons les plus graves ; mais il reste à faire connaître la place de tel ou tel son en particulier.

CLEFS.

24. Pour déterminer les sons, on place, au commencement de la portée, certains caractères, que l'on appelle *clefs;* parce qu'ils donnent, pour ainsi dire, l'ouverture de la lecture musicale, en indiquant le nom et l'élévation des sons.

25. Il y a deux clefs usitées dans le Plain-Chant : la clef *de fa* , et la clef d'*ut* .

26. Elles sont ainsi nommées, parce que la note qui se trouve sur la ligne de la clef, porte le même nom. Exemple :

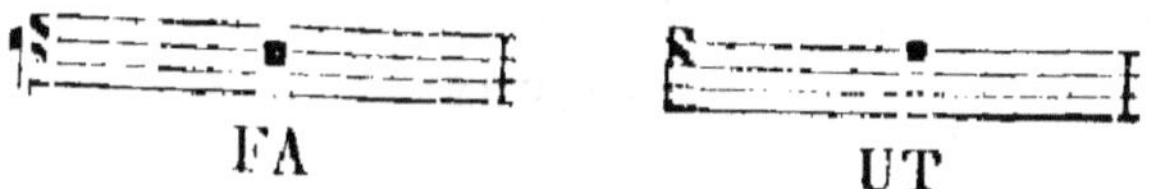

27. Un seul son de la série étant déterminé, tous les autres le sont aussi ; puisqu'on sait l'ordre invariable dans lequel ils se suivent, soit en montant, soit en descendant.

Ainsi, les clefs donneront, respectivement, les noms suivants aux notes de la portée :

LIGNES SUPPLÉMENTAIRES.

28. S'il arrive qu'on ait à représenter des sons plus haut ou plus bas que ceux de la portée, on emploie de petites *lignes supplémentaires*, que l'on répète pour chaque note, ou bien on transpose la clef d'une ligne sur une autre. Le premier moyen est plus clair, et il est presque le seul usité aujourd'hui. Exemples :

GUIDON.

29. A chaque transposition , on fait précéder la clef de ce signe ꝼ, qu'on appelle *guidon*. Il indique le nom et l'élévation de la note qui suit la clef, par rapport à la note qui la précède. On fait encore usage du guidon à la fin de la portée, pour indiquer le nom de la note qui commence la portée suivante.

REPOS.

30. Dans le chant, comme dans le discours, il est nécessaire de pratiquer quelques repos, soit pour reprendre haleine , soit pour distinguer les différentes parties d'un morceau.

31. Les repos du Plain-Chant sont indiqués par des signes appelés *barres* ou *stanguelles*.

Exemple.

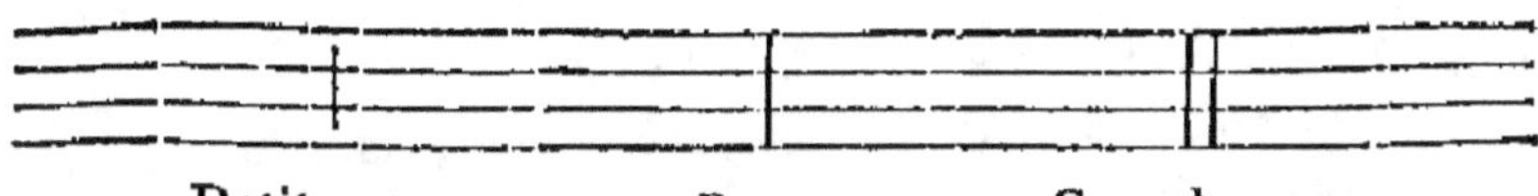

Petit repos,   **Repos,**   **Grand repos.**

32. La petite barre marque un petit repos, une respiration. Ce repos est encore indiqué, quelquefois, par un espace qui partage en plusieurs groupes les longues suites de notes surmontant une syllabe. Exemples : n⁰ˢ 380, 381, ci-après.

33. La grande barre annonce un repos plus senti, on l'emploie après les phrases principales.

34. Enfin, la double barre indique un repos encore plus considérable ; elle se met à la fin des pièces de chant, et elle sépare ce qui doit être exécuté par des chantres ou des chœurs différents.

CHAPITRE II.

DES SONS SOUS LE RAPPORT DE LA DURÉE.

§ Iᵉʳ.

Rhythme. — Mesure. — Mouvement.

35. La succession et la durée des sons engendrent le *rhythme* musical.

36. Le rhythme est la proportion temporaire des mouvements successifs. C'est un élément essentiel de tous les arts qui reposent sur le mouvement, et, par conséquent, de toute espèce de musique : car, dès qu'on fait entendre une suite de sons, il y a mouvement de la voix qui passe d'un son à un autre son.

37. Or, dans tout mouvement, on peut distinguer deux périodes : celle de l'élan et celle de la chute, celle de l'aspiration et celle de l'expiration ; en d'autres termes, un *temps fort* et un *temps faible*. Ces deux périodes produisent, dans une suite de mouvements, une espèce de flux et reflux régulier qui constitue le rhythme en lui-même et dans son essence.

38. Les mouvements musicaux se faisant avec succession et dans le temps, chaque son doit avoir une durée quelconque.

39. Lorsque la durée des sons n'est pas déterminée, le rhythme est dit *irrégulier* ou *oratoire;* parce qu'il conserve alors toute son indépendance, et qu'il se borne à régler la proportion des différents membres d'une mélodie, à peu près comme ceux d'une période oratoire. C'est le rhythme de la prose et du Plain-Chant.

40. Quand, au contraire, la durée des sons est déterminée par des divisions temporaires bien établies, le rhythme est *régulier* ou *poétique;* parce qu'alors il donne l'idée de la mesure à laquelle il s'astreint. C'est le rhythme des vers et des chants mesurés.

41. Si l'on fait entendre une suite de sons dont la durée soit exactement fixée, le temps fort se fera sentir régulièrement à des intervalles temporaires égaux, bien que les sons intermédiaires soient inégaux entre eux.

42. Les intervalles égaux, déterminés par le retour périodique du temps fort, prennent le nom de *mesure.*

43. La mesure est donc une durée déterminée par le rhythme.

44. Cette durée se divise en plusieurs parties égales, appelées *temps.*

45. Le degré de vitesse ou de lenteur que l'on donne aux notes ou aux temps de la mesure, s'appelle *mouvement.*

46. Le mouvement peut être plus ou moins vif, suivant les circonstances.

47. En moyenne, on peut prendre le battement du pouls, pour régler le mouvement ou la durée des notes communes.

48. Dans le chant en chœur, pour obtenir l'ensemble qui doit exister, on indique le mouvement des notes ou des temps de la mesure, par un petit mouvement de la main. C'est ce qu'on appelle *battre la mesure*.

§ II.

Différentes espèces de chants sous le rapport du rhythme.

49. Sous le rapport du rhythme, on distingue le *Chant Métrique* et le Plain-Chant proprement dit.

50. Chacune de ces espèces comporte une manière particulière de déterminer la valeur ou durée des notes.

PLAIN-CHANT PROPREMENT DIT.

51. Dans le Plain-Chant proprement dit, les notes ont une valeur qui est, généralement, relative à celle des syllabes qu'elles surmontent.

52. Cette relation est d'autant plus grande que le chant est moins varié et se rapproche plus de la parole, comme le chant des oraisons, des leçons, etc.

53. La carrée est pour les syllabes communes; elle est l'unité temporaire du Plain-Chant, et c'est elle qui en règle le mouvement principal.

54. Toutefois, cette note n'est pas toujours égale à elle-même : car l'avant dernière note qui précède les repos mélodiques, doit être tenue plus ou moins longtemps, suivant l'importance

de ces repos; en sorte que la pénultième du repos final soit tenue plus longtemps que les autres.

Il va sans dire que la double carrée, ▮▮, vaut deux carrées.

55. La note queutée se trouve placée dans trois circonstances différentes.

1° Dans des groupes de notes embrassant des degrés disjoints. *Exemple* 1, ci-après.

2° Avant une seule losange. *Exemple* 2.

3° Sans adhérence à aucune autre note. *Exemple* 3.

56. Dans le premier cas, la note queutée n'a pas plus de valeur qu'une carrée.

57. La queue n'est employée que pour indiquer plus sensiblement la liaison des notes, et on pourrait la retrancher sans qu'il en résultât le moindre changement pour l'égalité de mesure. C'est ce qui a été fait par les éditeurs de quelques nouveaux livres de chant.

58. Lorsque la note queutée est suivie d'une seule brève, les auteurs sont partagés sur la manière de l'exécuter.

59. Les uns enseignent que ces deux notes valent ensemble deux temps ; ils donnent trois demi-temps à la longue et un demi-temps à la brève qui suit.

60. Les autres ne donnent à ces deux notes qu'un seul temps, dont les trois quarts environ sont occupés par la queutée, et le reste par la brève.

61. Le second système est préférable ; mais, en ce point,

comme en tout le reste, il faut s'en tenir à la pratique de l'église où l'on chante (1).

62. Quand la note queutée est employée isolément, elle indique une syllabe accentuée, et elle doit se faire d'une manière plus sentie, plus énergique et avec une légère insistance de la voix.

63. On a vu, au n° 59, quelle est la valeur de la brève isolée, quand elle est précédée d'une queutée.

64. Dans les autres circonstances, cette valeur est à peu près la moitié d'une moyenne (2).

65. Tel est le système des valeurs employées dans le Plain-Chant. Système simple qui, n'ayant rien de rigoureusement déterminé, se prête aux nuances temporaires que le discours imprime aux trois espèces de syllabes, longues, moyennes et brèves, et qui laisse, par là même, au chantre intelligent, la facilité de donner à son exécution une majesté et une richesse qu'on ne saurait indiquer sur le papier, tout en le retenant dans les limites convenables à la gravité d'une mélodie étrangère au monde.

(1) Il est assez difficile de s'arrêter exclusivement à l'un ou à l'autre de ces deux systèmes; car certains passages demanderaient deux temps pour les notes, ▰ ◆, tandis que d'autres n'en demanderaient qu'un. On pourrait noter chaque pièce comme il convient, en employant les notes, ▰ ◆, pour deux temps et les notes, ▪ ◆, pour un seul.

(2) Dans le chant Romain de la Commission de Reims et de Cambrai, la double carrée, ▪▪, vaut trois carrées, la queutée, ▰, vaut deux carrées, et la carrée, ▪, vaut deux losanges. Cette dernière est une note de passage ou d'agrément, qui n'est jamais employée seule sur une syllabe.

Le chant Romain du R. P. Lambillotte suit le système des valeurs que nous avons exposé, et ne donne qu'un temps aux deux notes, ▰ ◆. Il a, en outre, une petite losange employée comme port de voix ou note de passage.

66. Dans le chant en chœur, on peut quelquefois battre la mesure, pour obtenir plus d'ensemble et d'uniformité ; mais il ne faut pas abuser de ce moyen, et éviter de rendre l'exécution pesante et martelée, par une précision qui ne peut trouver place que dans les chants métriques.

CHANT MÉTRIQUE.

67. Le Chant Métrique est assujetti à une mesure exacte, et se compose de notes dont la valeur est déterminée.

68. Les morceaux qui appartiennent à cette espèce de chant, ont un rhythme à peu près régulier, et se composent d'un certain nombre de mesures à deux ou à trois temps.

69. La note queutée vaut alors deux carrées, et la carrée deux losanges.

70. La mesure à deux temps se compose ordinairement de deux longues ou de deux moyennes, valant un temps, chacune ; ou d'une queutée valant un temps et demi, plus une losange qui vaut un demi temps et complète la mesure. Cette dernière forme est quelquefois remplacée par une carrée pointée et une losange : ■. ◆; le point augmente la note de la moitié de sa valeur. Exemples : nos 403, 402, 404, ci-après.

71. La mesure à trois temps se compose d'une longue ou d'une double carrée et d'une moyenne, ou d'une moyenne et d'une brève. Alors, la première note vaut deux temps, et la seconde un temps. Exemples : nos 405, 408, 406.

72. Quelquefois aussi la mesure est composée de trois moyennes ou de trois brèves, valant un temps, chacune. Exemples : nos 405, 406.

73. Le nombre des temps de chaque mesure s'indique quelquefois par un chiffre placé après la clef. Exemples : nos 404, 405.

74. Il arrive aussi que l'on sépare les mesures par la grande barre de repos, qui perd alors sa fonction primitive, et s'appelle barre de mesure. En ce cas, les repos sont quelquefois indiqués par des signes qui ont aussi des valeurs déterminées. Le principal est le repos d'un temps, figuré par une petite barre, ․ Exemples: n.ᵒˢ 404 et 405. Mais, le plus souvent, les mesures ne sont pas séparées ; la grande barre se met seulement à la fin des vers, et marque un repos d'un temps, qui complète la mesure, ou se prend sur la note précédente. Exemples : nos 403, 406, 408.

75. Dans l'exécution, la mesure à deux temps se bat par deux mouvements de la main ; le 1er en frappant, le 2e en levant.

76. La mesure à trois temps se bat par trois mouvements ; le 1er en frappant, le 2e à droite, le 3e en levant.

77. Il est important de donner la même durée à tous les mouvements, et, par suite, à tous les temps de la mesure. Pour obtenir cette égalité parfaite, il serait très-utile de se régler sur les mouvements d'un pendule.

78. Nous nous abstiendrons de donner ici de plus longs détails sur les chants mesurés; parce qu'ils sont assez rares, et qu'ils paraissent appartenir à ce qu'on appelait la musique figurée ou mesurée, dont ils empruntent parfois quelques signes (1).

(1) On pourrait rendre uniforme la notation des chants métriques généralement reçus dans la liturgie, si l'on convenait unanimement que la double carrée vaut deux carrées; la longue, une carrée et demie ou trois brèves; et la carrée, toujours deux temps, lorsqu'elle est employée avec la brève pour former la mesure à trois temps. Il nous semble que ces valeurs suffiraient dans tous les cas; et que la mesure serait assez clairement indiquée par un chiffre placé à la clef, ou même par la seule inspection des notes employées. La grande et la petite barre serviraient à marquer des repos d'un temps et d'un demi-temps : ces repos compléteraient la mesure, ou seraient pris sur la valeur des notes précédentes, comme on le voit aux nos 403, 406, 408.

CHAPITRE III.

DES SONS SOUS LE RAPPORT DE L'INTONATION.

§ I.

Gamme.

79. L'ensemble des sons de la musique se succédant par ordre de gravité ou d'acuité, s'appelle *gamme*.

80. Dans le Plain-Chant, la gamme se réduit aux sons que la voix humaine peut exprimer sans difficulté, c'est-à-dire, aux quinze sons de la portée suivante, qui fait voir, en outre, le rapport des clefs.

. 81. La différence qui existe entre les sons de la gamme, n'est pas constamment la même. Les uns comprennent entre eux une distance appelée *ton ;* les autres ne sont séparés que par une distance qui est environ la moitié de celle des premiers, et s'appelle *demi-ton*.

82. Il serait mieux d'appeler *diaton* (entre-ton) la première de ces distances, parceque le mot *ton* a déjà une signification propre (n° 16). Le demi-ton serait alors appelé *demi-diaton* ou *midiaton*.

83. Dans la gamme du Plain-Chant, les demi-tons se trou-

vent entre les notes *si ut* et *mi fa* ; les tons se trouvent entre les autres notes.

84. Cette série de sons, qu'on pourrait prolonger au besoin, se divise en parties semblables, quant à la disposition des tons et des demi-tons; en sorte que chaque partie est comme la répétition d'une autre plus grave ou plus aigüe. Exemple :

la si ut ré mi fa sol *la* | ut ré mi fa sol *la si ut*

LA SI UT RÉ MI FA SOL la | UT RÉ MI FA SOL la si ut

85. C'est pour cela que le mot gamme désigne ordinairement une subdivision de la gamme générale, composée de huit sons consécutifs.

86. Cette propriété explique pourquoi il n'y a que sept syllabes pour nommer tous les sons : l'oreille discernant parfaitement le ton aigu de celui qui a le même nom au grave.

87. Les gammes partielles sont comme la source et l'abrégé de tous les morceaux de Plain-Chant, qui, pour l'ordinaire, sont renfermés dans une étendue de huit à dix degrés , et, par conséquent, peuvent être écrits sur une portée de quatre lignes, en employant convenablement l'une des deux clefs.

88. La figure suivante en indique la position la plus ordinaire, et le rapport avec la portée générale (no 80).

89. Dans les gammes, les sons se suivent par *degrés conjoints*, c'est-à-dire, que d'un degré l'on passe à celui qui le

suit immédiatement ; mais, dans la composition des chants , ils marchent en outre par *degrés disjoints*, c'est-à-dire, que l'on passe d'un son à un autre, en franchissant un ou plusieurs degrés.

90. Nous allons, dans le paragraphe suivant, apprendre à connaître les distances ou *intervalles* qui peuvent exister entre deux sons.

§ II.

Intervalles. — Signes modificatifs.

91. Les intervalles qui peuvent exister entre deux sons quelconques, prennent différents noms, suivant le nombre des degrés qu'ils embrassent sur la portée , y compris les extrèmes.

92. Deux notes placées sur le même degré, n'ayant pas d'intervalle, forment l'*unisson* (sons unis, sons identiques).

93. Si elles comprennent 2 , 3 , 4 , 5, 6 , 7, 8, etc. degrés , elles forment, respectivement, les intervalles de *seconde*, de *tierce*, de *quarte*, de *quinte*, de *sixte*, de *septième* , d'*octave*, etc.

94. Dans chaque intervalle , on distingue la constitution et les qualités.

95. La constitution d'un intervalle est la disposition des tons et des demi-tons donnés par l'ensemble de tous ses degrés.

96. La qualité dépend du nombre des demi-tons qui entrent dans les intervalles de même nom.

97. Comme les degrés de la gamme se trouvent séparés entre eux par des tons et des demi-tons , il en résulte que deux notes qui embrassent le même nombre de degrés, n'ont pas toujours la même distance.

98. Les intervalles de même nom sont de deux espèces : les plus grands sont appelés *majeurs*, et les plus petits, *mineurs* ; ils ont un demi-ton de différence.

99. Voici le tableau des intervalles jusqu'à celui d'octave inclusivement. Il est important de remarquer la constitution des tierces, des quartes et des quintes (n° 95.).

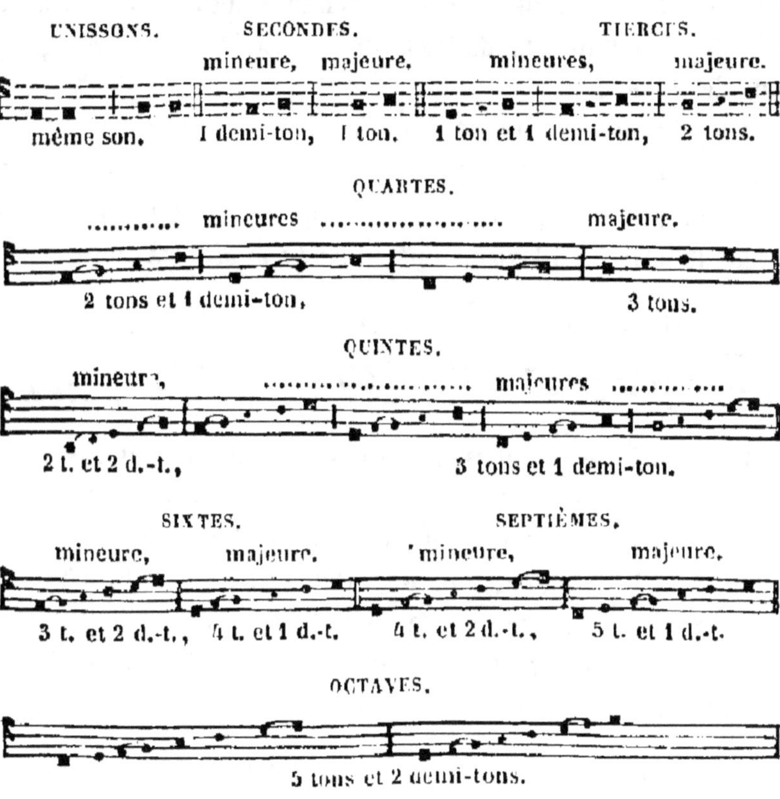

100. Tous les intervalles de ce tableau ne sont pas employés dans le Plain-Chant ; les seuls qui y soient admis, généralement, sont la seconde, majeure et mineure, la tierce, majeure et mineure, la quarte mineure, et la quinte majeure.

101. On trouve quelques rares exemples d'octaves et de sixtes ; mais ce n'est qu'entre les parties principales d'un même chant, comme, dans les proses, de la fin d'une strophe au commencement de la suivante. Exemples, nos. 252 et 408.

102. L'intervalle de *triton* (trois tons), formé par la quarte majeure, *fa-si*, ne s'emploie jamais dans le Plain-Chant. Lorsque la forme de la mélodie amène cet intervalle, avec ou sans notes intermédiaires, on le modifie par le signe, ♭ , appelé *bémol*.

103. Le bémol abaisse d'un demi-ton la note devant laquelle il est placé. Quand il est devant le *si* , il n'y a plus qu'un demi-ton entre cette note et le *la* inférieur, par conséquent le triton n'existe plus entre *fa* et *si*. Exemple :

Tritons.   Tritons détruits par le bémol.

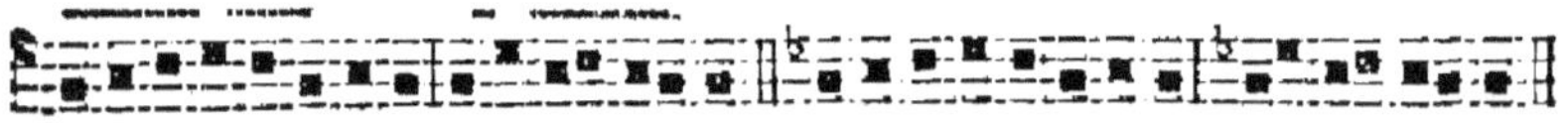

104. Quelques auteurs enseignent que le triton doit se détruire, dans certains cas, par le *dièse*, ♯, qui ne s'écrit pas ordinairement, mais que l'on suppose devant le *fa*.

105. Le dièse élève, d'un demi-ton, la note devant laquelle il est placé. Au moyen de ce signe , le *fa* se trouve rapproché d'un demi-ton vers le *sol*, et le triton est encore détruit. Exemple :

Triton.   Triton détruit par le dièse.

106. Quand on veut qu'une note qui a été bémolisée ou diésée, redevienne naturelle , on la fait précéder d'un autre

signe appelé *bécarre*, ♮, lequel détruit l'effet du bémol ou du dièse. Exemple :

107. Quelquefois le bémol se met immédiatement après la clef ; alors, tous les *si* du morceau se trouvent baissés d'un demi-ton, à moins que le bécarre ne vienne en suspendre momentanément l'effet. Exemple :

108. Le dièse, le bémol et le bécarre produiraient le même résultat, s'ils étaient placés devant quelque autre note ; mais on ne pourrait le faire sans contrevenir aux vrais principes du Plain-Chant.

§ III.

Modes du Plain-Chant.

109. Nous avons vu, n. 84, que chaque son de la gamme générale peut devenir le premier d'une gamme particielle ; mais, comme les demi-tons se trouvent toujours entre les notes *si ut* et *mi fa*, il en résulte que ces intervalles occupent des places différentes par rapport au point de départ.

110. Ces différentes positions des demi-tons, relativement au son fondamental, constituent ce qu'on appelle le *mode*, c'est-à-dire, *la manière d'être d'une gamme* de laquelle résulte, pour les pièces de chant qui en proviennent, une expression, un caractère particulier qui les distingue des autres.

111. Le Plain-Chant devrait donc avoir autant de modes

qu'on peut former de gammes partielles. Il n'en est cependant pas ainsi, et nous allons voir le nombre et la formation de ceux qui sont adoptés.

112. Les sons se répétant de sept en sept (n. 80) , on ne peut former que sept octaves différentes, comme le démontre le tableau suivant , qu'il faut lire en commençant par la ligne du bas.

SOL	la	si	ut	ré	mi	fa	sol
FA	SOL	la	si	ut	ré	mi	fa
MI	FA	SOL	la	si	ut	ré	mi
RÉ	MI	FA	SOL	la	si	ut	ré
UT	RÉ	MI	FA	SOL	la	si	ut
SI	UT	RÉ	MI	FA	SOL	la	si
LA	SI	UT	RÉ	MI	FA	SOL	la

113. Ces octaves sont susceptibles de deux divisions qui constituent deux modes , savoir : la division appelée *harmonique*, et la division qui a été nommée *arithmétique*.

114. La division harmonique consiste à partager l'octave, de manière qu'il y ait une quinte en bas et une quarte en haut.

115. La division arithmétique a lieu, lorsque la quarte est en bas et la quinte en haut. Exemples :

116. La division harmonique de l'octave de *si* et la division arithmétique de l'octave de *fa* sont rejetées , parce qu'elles tombent sur des intervalles prohibées dans le Plain-Chant (*si-fa-si*, quinte mineure et triton; *fa-si-fa*, triton et quinte mineure).

117. Il reste donc douze modes , dont six appartiennent à la division harmonique, et six à la division arithmétique. C'est en effet le nombre adopté par plusieurs auteurs ; mais on peut le réduire à huit, comme nous le verrons au n. 130 et suivants.

118. Chaque mode de la division harmonique en a un qui lui correspond dans la division arithmétique.

119. On obtient ce mode correspondant, en renversant les deux parties du premier, c'est-à-dire, en plaçant la quarte supérieure au-dessous de la quinte. Exemple :

MODE DE DIVISION HARMONIQUE.   MODE CORRESPONDANT.

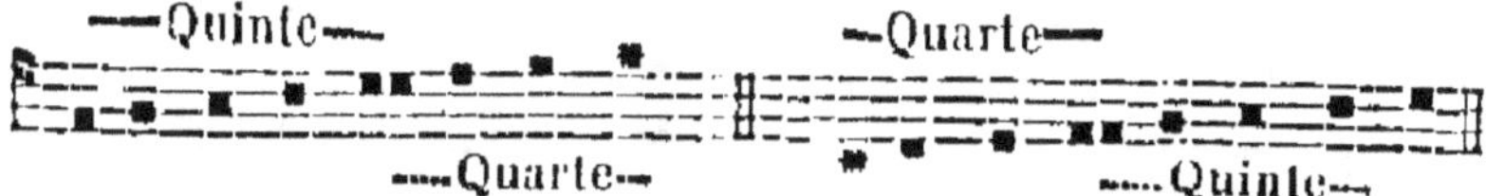

120. Un mode harmonique ayant ainsi son correspondant une quarte au-dessous, et la série des sons adoptés par les anciens ne commençant qu'au LA grave, le premier mode harmonique a dû se prendre dans l'octave de RÉ ; son correspondant occupe le second rang, dans la nomenclature des modes, et le premier, dans la série des modes divisés arithmétiquement. Les autres modes prennent rang suivant l'ordre de leur note initiale, comme on le voit ci-après :

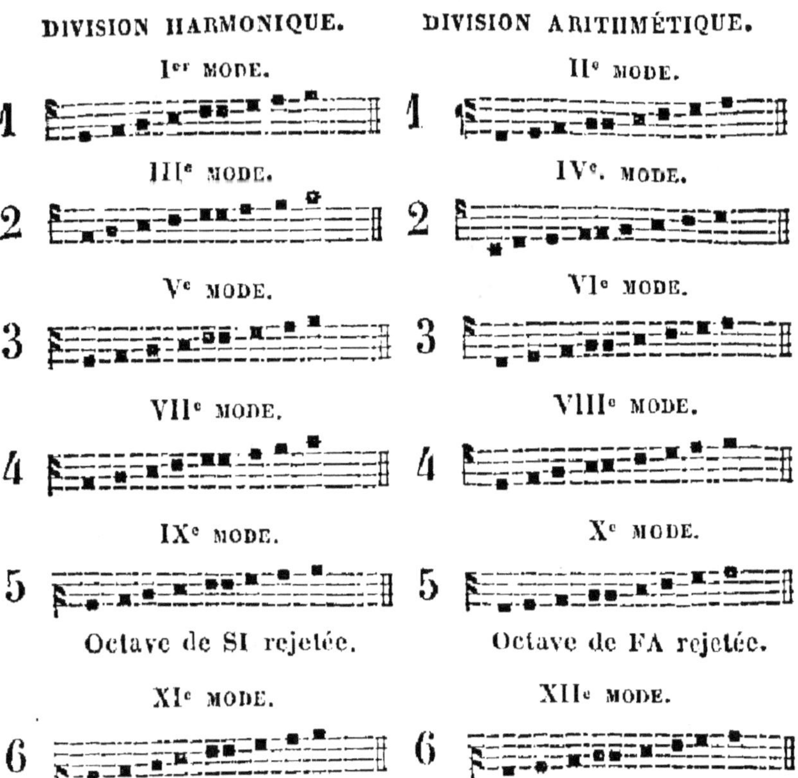

121. Dans chaque mode, il y a certaines notes auxquelles toutes les autres sont subordonnées, et qui dépendent elles-mêmes d'une première note plus importante encore.

122. Ces notes sont appelées *modales*, parce qu'elles déterminent les modes ; on les appelle encore *principales* et *cardinales*, parce que la mélodie s'appuie et roule en quelque sorte particulièrement sur elles.

123. Ces notes sont :

1° La *finale* ou note qui termine le morceau de chant. C'est la plus importante de toutes.

2° La *teneur* ou *dominante*, ainsi appelée, parce qu'elle tient le degré auquel on revient le plus souvent. C'est elle qui caractérise chaque mode et lui donne son véritable sens.

3° La *médiane* ou *médiante*, qui est la tierce au-dessus de la finale.

4° La note inférieure de l'octave du mode.

5° La note supérieure.

6° La *discrétive* ou note qui partage l'octave en deux par_ties inégales.

124 Dans tous les modes, la finale occupe le degré inférieur de la quinte dont ils se composent. La même finale sert donc pour les deux modes correspondants ou relatifs, puisqu'ils ont la même quinte. Ainsi :

Ré termine les chants du	1er	et du	2e mode.
Mi	»	»	3e et du 4e.
Fa	»	»	5e et du 6e.
Sol	»	»	7e et du 8e.
La	»	»	9e et du 10e.
Ut	»	»	11e et du 12e.

125. La dominante est la note supérieure de la quinte, pour tous les modes de division harmonique ; dans les autres, elle est une tierce au-dessous de la dominante du mode qui a la même finale.

126. La dominante, devant être une note fixe et invariable, ne peut se prendre sur le *si*, qui est quelquefois modifié par le bémol ; c'est pour cela que, dans le 3e et le 8e mode, la dominante est *ut*, au lieu de *si*, que donnerait la règle précédente.

127. Les autres notes principales sont faciles à reconnaître d'après leurs définitions.

128. Quelques-unes de ces notes remplissent une double fonction. Ainsi, dans les modes de rangs impairs ou harmoniques, la note inférieure de l'octave se confond avec la finale ; la discrétive, avec la dominante, excepté au 3e mode. Dans les modes pairs, la médiante se confond avec la dominante, et la discrétive est la même que la finale.

129. En comparant entre elles les gammes des douze modes données au n° 120, on voit que celle du 8e est absolument la même que celle du premier : ces deux modes diffèrent cependant d'une manière essentielle, et par leurs notes principales, et par la position de leur quinte et de leur quarte. Sauf la différence d'octave, le 9e mode se trouve dans les mêmes conditions par rapport au 2e.

130. En comparant le 9e mode avec le 1er, on trouve que sa quinte est de même espèce, que ses notes principales sont dans le même rapport, et qu'il n'en diffère que par la place du demi-ton de sa quarte. Cette différence est essentielle sans doute ; mais elle disparaît encore par l'emploi assez fréquent du bémol sur le *si*, dans le premier mode. Il y a donc ici une ressemblance assez frappante ; et c'est pour cela que le 9e mode est ordinairement écarté de la nomenclature et assimilé au premier, ce qui le rend du reste plus accessible à la majorité des voix.

131. Néanmoins, le 9e mode ayant, comme tous les autres, la faculté de bémoliser le *si* au besoin, ne peut pas toujours s'écrire sur la gamme du premier ; parce qu'alors, dans celui-ci, il faudrait bémoliser le *mi*, qui correspond au *si* de la gamme du 9e : or, la chose ne se pratique pas dans le Plain-Chant. On emploie donc, dans ce cas, la gamme du 9e ; mais on la considère toujours comme appartenant au premier.

132. En d'autres termes, le 9e mode ne s'écrit dans sa gamme

propre que dans le cas où le *si* de son octave doit être modifié ;
dans le cas contraire, on emploie l'octave du premier, en
ayant soin de bémoliser tous les *si* de cette dernière.

133. Quoique fondu ainsi avec le premier, le 9ᵉ mode conserve une existence particulière, et forme comme une seconde espèce du premier. Il n'y a pas entre eux ressemblance parfaite ;
mais seulement *affinité*, liaison intime, et c'est ce qu'on exprime par le mot *affinal*, que l'on ajoute pour désigner plus
spécialement le 9ᵉ mode. On dit, par exemple, *premier affinal*
ou *affinal du premier*, en *ré* ou en *la*, suivant la gamme
dans laquelle il est écrit.

134. Pour des raisons semblables, on a réuni le 10ᵉ avec le 2ᵉ,
le 11ᵉ avec le 5ᵉ, le 12ᵉ avec le 6ᵉ ; on les écrit sur leur échelle
propre dans les cas analogues à ceux du 9ᵉ, et on les distingue
également par le mot *affinal* quand il est nécessaire. S'il exis-
tait des pièces appartenant aux modes supprimés, *si-fa-si* et
fa-si-fa, elles seraient de même rapportées au 3ᵉ et au 4ᵉ mode.

135. Par les réductions précédentes, le nombre des modes
se trouve ramené à huit, nombre qui est le plus généralement adopté.

136. En voici de nouveau les gammes avec l'indication des
notes principales.

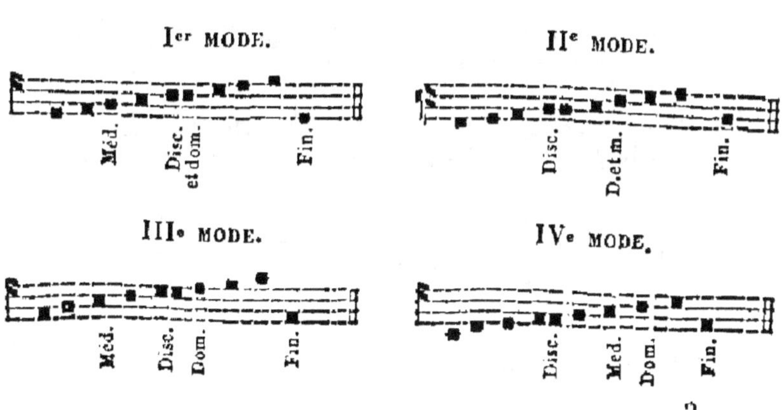

137. D'après ce qui précède, il est facile de voir la liaison intime qui existe entre les modes correspondants : ils ont la même quarte, la même quinte et la même finale ; la mélodie de l'un et de l'autre tend à se développer dans leur quinte commune, qui est comme le centre de leur étendue totale.

138. Aussi, ces deux modes étaient-ils d'abord considérés comme n'en formant qu'un seul, en sorte qu'il n'y avait pas plus de modes que de finales reçues, savoir :

139. Plus tard, ces modes furent partagés en deux, afin de renfermer chaque pièce dans l'étendue d'une octave environ ;

mais ils n'en conservèrent pas moins leurs rapports intimes, et c'est pour cela qu'on les appelle *compairs* ou *relatifs*.

140. Les modes qui conservèrent leur étendue au-dessus de la finale, furent appelés *supérieurs* : on les nomma aussi *authentes* ou *authentiques*, *principaux*, *maîtres* ou *primitifs*.

141. Ceux qui descendirent au-dessous de la finale, furent appelés *inférieurs* ou *plagaux*, parce qu'ils furent pris dans la partie inférieure du mode primitif et établis à son côté. On les appela aussi *collatéraux*, *disciples* et *secondaires*.

142. Malgré cette subdivision des modes primitifs, les pièces de chant ne sont par toujours renfermées dans les limites de la gamme dont elles sont formées; quelquefois elles ne les atteignent pas, d'autre fois elles les franchissent, et ont des passages propres à quelque autre mode. De là, les dénominations suivantes données aux modes eux-mêmes.

143. On dit que le mode est *parfait*, lorsque la mélodie atteint toute la gamme qui lui est propre ; dans le cas contraire, il est *imparfait*, *défectueux* ou *défectif*.

144. On dit que le mode est *plus-que-parfait* ou *surabondant*, lorsque la mélodie s'étend un degré au-delà des limites de son octave. Cette extension a lieu surtout vers le mode relatif, qui ne fait pour ainsi dire qu'un corps avec le premier.

145. On appelle *connexe* ou *mixte* le mode qui réunit l'étendue de deux modes compairs ou relatifs ; c'est alors un reste ou une imitation des modes primitifs (n. 137-139).

146. Lorsque la mélodie emprunte des formes qui appartiennent à des modes étrangers, on dit que le mode est *commixte* ou *anti-mixte ;* ce qui a lieu surtout lorsqu'un mode supérieur dépasse son octave de plusieurs degrés à l'aigu, ou qu'un mode inférieur la dépasse dans le grave.

147. Enfin, les mélodies qui s'écartent des règles ordinaires,

forment les modes irréguliers ; mais ces pièces deviennent de plus en plus rares, par le soin qu'on a de les faire disparaître des nouvelles éditions.

148. Nous ferons remarquer que le si inférieur de la gamme générale ne s'emploie pas dans les pièces qui appartiennent réellement au deuxième mode. Il en est de même pour le quatrième mode, qui est néanmoins regardé comme parfait, quand il s'étend de l'ut au si.

§ IV.

Caractères des Modes.

149. Les différents modes de la musique sont, en général, indépendants de notre volonté, et se forment à peu près comme les dialectes d'une même langue. Chaque peuple donne à sa musique un cachet particulier, et adopte de préférence tel ou tel système de sons en rapport avec ses mœurs, et surtout avec son langage.

150. Les premiers chrétiens ne purent donc pas avoir une musique différente de celle des peuples dont ils faisaient partie ; mais ils choisirent les modes qui étaient les plus convenables pour l'office divin, tout en conservant les noms et les principes les plus généralement reçus, c'est-à-dire, ceux des Grecs, qui cultivèrent cet art d'une manière plus particulière.

151. Les modes du Plain-Chant sont donc une imitation des modes grecs, et c'est pour cela qu'ils portent le nom des anciens peuples qui les employèrent plus spécialement. Ainsi, on appelle le 1er, *Dorien*, parce qu'il se rapproche de celui que les Doriens employaient de préférence ; le 2e, *Hypodorien*, c'est-à-dire, sous-dorien. Pour les mêmes raisons, on appelle

le 3e, Phrygien. le 8e, Hypomixolydien.
le 4e, Hypophrygien. le 9e, Éolien.

le 5ᵉ, Lydien. le 10ᵉ, Hypoéolien.
le 6ᵉ, Hypolydien. le 11ᵉ, Ionien ou Iastien.
le 7ᵉ, Mixolydien. le 12ᵉ, Hypoionien ou Hypoiastien.

152. Voici maintenant les caractères que l'on attribue généralement à chacun de ces modes.

153. Le premier présente une gravité mâle et solennelle ; il convient aux grandes choses ; il inspire la piété et chasse le sommeil, la paresse et la tristesse.

154. Le deuxième est triste et sombre ; si parfois il peint la constance, la fermeté, l'admiration, c'est toujours avec une douceur modérée et une teinte mélancolique.

155. Le troisième est pathétique, véhément, impétueux, violent ; il provoque la colère et excite aux combats, aux actions généreuses et difficiles.

156. Le quatrième est harmonieux, et se prête aisément aux diverses situations de l'âme.

157. Le cinquième est joyeux et hardi ; il incline à la bienveillance et relève le courage ; il est propre aux chants de victoire et de triomphe ; quelquefois, cependant, il est aussi déprécatoire et affectueux.

158. Le sixième est pieux et propre à la prière ; il excite les sentiments affectueux, la tendresse, l'amitié, la compassion, la confiance, la douceur et la modestie.

159. Le septième est majestueux, impératif ; il dissipe la mélancolie ; il excite l'enthousiasme et relève le courage ; il est propre aux mouvements passionnés et à l'exposition des événements extraordinaires.

160. Le huitième convient à toutes sortes de sujets, et principalement aux textes qui marquent le désir de la gloire éternelle ; il brille au-dessus des autres modes par sa douceur naturelle et par sa beauté.

161. Les quatre derniers modes ont à peu près le même caractère que leurs conjoints. On trouve cependant que le neu-

vième est plus doux et plus affecteux; le dixième, plus sonore, plus gai, et plus animé ; le onzième, plus gracieux et plus apte aux saillies ; enfin, le douzième serait plus diversifié, plus animé, plus noble et plus tendre.

162. On a résumé ces différentes propriétés des modes, en disant que le premier est *grave;* le deuxième, *triste;* le troisième, *mystique;* le quatrième, *harmonieux;* le cinquième, *gai;* le sixième, *dévot;* le septième, *angélique;* et le huitième, *parfait.*

§ V.

Moyens de reconnaître les Modes.

163. C'est principalement par la note finale que l'on peut faire la distinction des modes (n. 124, 134).

164. Comme la même finale appartient à deux modes correspondants, pour déterminer auquel des deux appartient la pièce de chant, il faut examiner l'étendue de la mélodie par rapport à l'intervalle de quinte qui a pour base la finale. Si cette étendue est plus considérable au-dessus qu'au-dessous dudit intervalle, le mode est authentique; si, au contraire, elle est plus sensible au-dessous, le mode est plagal. Exemple :

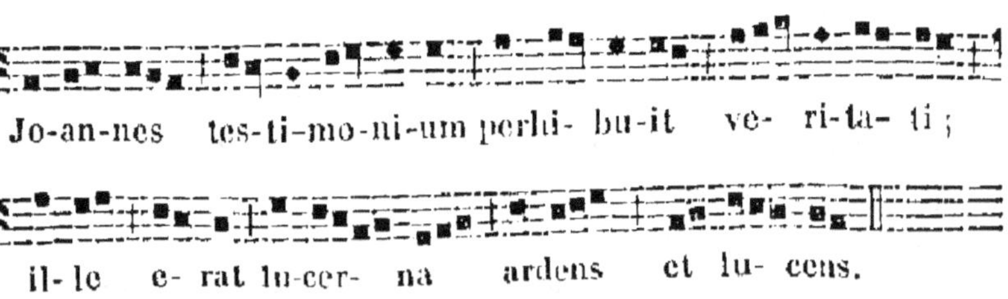

La finale *sol* indique d'abord que cette mélodie appartient au 7e ou au 8e mode ; mais, puisqu'elle dépasse, d'une quarte à l'aigu, la quinte *sol-ré*, tandis qu'elle n'a, dans le grave, qu'une note au-dessous, il faut conclure qu'elle est du 7e mode.

165. Soit encore à trouver le mode de la pièce suivante :

La finale *ré* et l'étendue de cette mélodie, qui monte d'une quinte au-dessus, et descend d'une quarte au-dessous de cette finale, indique le 2ᵉ mode ; et la présence du *si*, dans le grave, donne lieu de croire que c'est le 10ᵉ ou 2ᵉ affinal.

166. Il peut arriver que, par suite d'une transposition, un chant ne finisse pas par les notes données comme finales des huit modes. Il faut examiner alors la place du demi-ton dans la quinte et la quarte que l'on forme à partir de la finale, et la position respective de ces deux intervalles : la pièce appartiendra au mode qui offrira une disposition identique. Exemple :

Ce morceau, s'élevant d'une quinte au-dessus de la finale *ut*, et descendant d'une quarte au-dessous, nous voyons d'abord que c'est un mode plagal. La quinte *ut ré mi fa sol* appartient au 8ᵉ ou au 6ᵉ mode affinal, dont la quinte présente la même disposition, *sol la si ut ré, fa sol la si ♭ ut* ; mais la quarte *sol la si ♭ ut*, de notre exemple, n'a une ressemblance parfaite qu'avec la quarte *ré mi fa sol*, qui est du 8ᵉ ; donc le morceau lui-même est du 8ᵉ mode.

167. On devrait suivre un procédé semblable, s'il arrivait que l'on rencontrât une pièce ayant plusieurs bémols ou plusieurs dièses à la clef. Bien que cette manière d'écrire soit contraire aux usages reçus, elle peut cependant exister, ne fût-ce que pour les instruments qui accompagnent le chant, et l'on conçoit que, dans ce cas, les finales *ré, mi, fa, sol,* n'indiquent pas les modes auxquels elles sont assignées.

168. Il peut encore se présenter des cas douteux relativement aux mélodies qui ont trop peu d'étendue, ou qui appartiennent aux modes mixtes, commixtes ou irréguliers ; alors, on fera les remarques suivantes :

1o Les modes authentiques, ordinairement, déclinent d'une manière insensible vers leur finale, tandis que les plagaux s'y précipitent.

2o Si l'on a eu la quinte au-dessus de la finale quelquefois bien prononcée, le mode est authentique.

3o Si, malgré cela, on ne peut fixer le mode, la présomption est alors en faveur du mode authentique.

169. Ordinairement, on indique le mode en tête de chaque pièce de chant, par un chiffre suivi d'une lettre. Le chiffre indique le rang du mode, et la lettre, sa finale.

170. L'emploi des lettres pour indiquer la finale des modes est un reste de l'usage, où l'on était autrefois, de représenter les sons par les lettres de l'alphabet.

171. La première octave se représentait par les sept premières lettres majuscules ; la seconde, par les mêmes lettres minuscules ; les sons supérieurs se représentaient par es mêmes lettres redoublées. Exemple :

172. Le *si* de la seconde octave, étant variable, se représentait par un *bé carré* ou *dur*, et par un *bé mol* ou *rond*, suivant le besoin. De là, les expressions *bécarre* et *bémol* que l'on a conservées.

173. Les lettres D E F G représentent donc les finales *ré*, *mi*, *fa*, *sol* des huit premiers modes. Pour les modes affinaux, on est dans l'usage d'écrire A et C majuscules, au lieu de a et c minuscules qu'il faudrait réellement.

CHAPITRE IV.

TRANSPOSITION.

174. La transposition consiste à transporter la mélodie d'une gamme dans une autre, ayant les demi-tons aux mêmes degrés.

175. Cette seconde gamme ne peut s'obtenir que par l'emploi des signes modificatifs.

Soit, par exemple, la gamme *ut re mi fa sol la si ut*.

Si nous voulions avoir une gamme parfaitement semblable, c'est-à-dire, ayant les demi-tons aux mêmes degrés, et qui commençât par une autre note, le *fa*, par exemple, nous verrions qu'il faudrait baisser le *si* d'un demi-ton au moyen du bémol. *Fa sol la si ♭ ut re mi fa*.

Si, au lieu de *fa*, nous prenions *sol* pour première note, il faudrait élever le *fa* d'un demi-ton au moyen du dièse, ce qui donnerait : *sol la si ut re mi fa ♯ sol.*

Pour le ré, il faudrait : *ré mi fa ♯ sol la si ut ♯ ré.*

176. La transposition est utile pour mettre une mélodie plus à la portée de la voix.

177. Il y a deux moyens d'opérer la transposition : l'un est de transcrire le morceau dans la nouvelle échelle adoptée; l'autre de changer le nom des notes par la supposition d'une clef différente, sans changer les notes de place. Bien entendu que dans l'une et l'autre manière, les notes doivent conserver entre elles la même disposition de tons et de demi-tons, autrement le mode serait dénaturé.

178. Supposons que l'on ait à chanter le morceau suivant, qui est du 1er mode affinal,

et que, le trouvant trop bas, on veuille l'élever d'un degré. On cherchera d'abord les signes de la nouvelle gamme, en la comparant à celle du premier affinal ; on les écrira une fois pour toutes à la suite de la clef (n. 107) , et l'on élèvera toutes les notes d'un degré, ce qui donnera :

On voit que, dans cette transposition, il faut faire disparaître le bémol et diéser le *fa.*

179. Si l'on voulait élever le morceau de deux degrés, on aurait le résultat suivant :

On voit que, dans ce cas , il faut bémoliser le *si*, le *mi*, le *la* et le *ré.*

180. Pour transposer le même morceau sans changer les notes de place, il n'y a qu'à transporter ou changer la clef ; car c'est là un des principaux avantages des clefs et de leurs différentes positions, de pouvoir transposer le morceau instantanément sans le transcrire. L'exemple précédent serait transposé, une quinte plus haut, en supposant la clef et le bémol remplacés par la clef d'*ut* sur la seconde ligne ; alors le *ré* deviendrait *la*, le *la* deviendrait *mi*, etc. Il serait élevé d'une tierce, si l'on supposait la clef d'*ut* sur la troisième ligne avec un bémol sur les notes *si, mi, la, ré.* Exemples :

181. En répétant plusieurs fois les opérations précédentes, on remarquerait bientôt qu'on ne peut avoir à la fois des dièses et des bémols à la clef ; que les bémols se suivent dans cet ordre : *si, mi, la, ré, sol, ut, fa,* ou de quinte en quinte, en descendant; et les dièses dans celui-ci, qui est l'inverse : *fa, ut, sol, ré, la, mi, si,* ou de quinte en quinte, en montant. C'est-à-dire, que, s'il n'y a qu'une note bémolisée, c'est la note *si* ; s'il y en a deux, c'est *si* et *mi*, ainsi de suite. Aucune de ces notes ne pouvant être bémolisées sans que les précédentes le soient également.

La même chose a lieu par rapport aux dièses.

182. Toute la difficulté de la transposition consiste donc à trouver la clef convenable, et *l'armure* ou le nombre des signes qu'il faut y joindre.

183. Pour trouver la clef convenable, il faut, après avoir donné à la finale du morceau à transposer le nom de celle qui doit la remplacer, nommer par ordre les places qui restent au-dessus ou au-dessous, jusqu'à ce qu'un nom de clef tombe sur une barre : on aura alors la clef désirée

Ainsi, pour faire la seconde transposition du nᵒ 180, on dirait *fa* sur la finale *ré* de l'exemple primitif ; *sol*, *la*, *si*, *ut*, sur les degrés supérieurs ; et le nom *ut*, tombant sur la 3ᵉ ligne, fait voir qu'il faut employer la clef d'*ut* sur cette même ligne.

184. Voici la note *ré* remplacée, successivement, par toutes les autres.

On voit que, pour le *mi* et le *sol*, il faut employer une nouvelle clef inusitée dans le Plain-Chant, mais qui est la plus employée dans la musique : on l'appelle clef de *sol*. Le but principal de l'emploi de ces différentes clefs est de fixer le nom des notes : la voix leur donne ensuite naturellement l'intonation convenable.

185. Pour trouver l'armure de la clef, on peut s'aider de la figure ci-contre, où les noms des notes sont disposés en cercle, et se suivent de quinte en quinte.

186. En comptant les noms qui se trouvent après celui de la finale du mode à transposer, jusque et y compris le nom de celle qui doit la remplacer, on aura le nombre de dièses en allant de gauche à droite, et le nombre de bémols, en allant de droite à gauche, comme l'indique la direction des flèches.

Soit la gamme à transposer, de manière que le *ré* devienne un *si*. Les syllabes *la*, *mi*, *si*, indiquent trois dièses, et les syllabes *sol*, *ut*, *fa*, *si*, quatre bémols dont il faut

armer la clef, en les plaçant toujours dans l'ordre ci-dessus
(n. 181); on obtient ainsi :

En changeant les notes de place.   Sans changer la place des notes.

187. Les deux gammes obtenues sur la même note, par l'une
et l'autre route, sont appelées *gammes homonymes* ; parce
qu'elles s'écrivent avec les mêmes notes bien qu'elles soient à
la distance d'un demi-ton. Elles ont ensemble sept signes à la
clef ; on peut donc passer de l'une à l'autre, en remplaçant les
signes de l'une par autant de signes contraires qu'il en faut
pour aller à sept.

188. Soit encore à passer du *ré* au *sol* ♭. Il faut, dans ce
cas, faire le tour de la figure jusqu'à ce qu'on trouve le
sol une seconde fois, ce qui donne huit bémols pour la gamme
cherchée. Il est plus simple, alors, de prendre le *fa* ♯, qui est
la même chose pour l'oreille, et dont la gamme ne demande
que quatre dièses.

189. En général, toutes les fois que l'on trouve plus de six
signes, il vaut mieux prendre le son synonyme: *ré* ♯ et *mi* ♭,
mi ♯ et *fa*, *fa* ♯ et *sol* ♭, *sol* ♯ et *la* ♭, *la* ♯ et *si* ♭, *si* et *ut* ♭,
sont des sons synonymes, c'est-à-dire, qui produisent le même
effet, quoique représentés d'une manière différente. Il en est
de même des gammes qui ont ces notes pour point de départ.

190. Si l'on se rend bien compte de l'effet des signes modificatifs
et de ce qui vient d'être dit, on trouvera facilement la manière
d'armer la clef pour une finale quelconque ; mais, dans cette
opération, il ne faut pas oublier que la suppression d'un bémol
à la clef produit, relativement à une gamme, le même résultat
que l'addition d'un dièse, et *vice versa* ; c'est-à-dire,

que cette suppression élève la note précédemment bémolisée; et, qu'au contraire, la suppression d'un dièse baisse la note précédemment diésée.

Soit, par exemple, la gamme *ut ré mi* ♭ *fa sol la* ♭ *si* ♭ *ut* à transposer dans l'octave de *ré*. D'après l'indication du *Cadran-Transpositeur*, n° 186, il faut deux dièses à la clef, ce qui revient à élever deux notes. Or, on obtiendra cet effet, dans le cas présent, en supprimant deux bémols, *à partir du dernier* (181), ce qui donnera : *ré mi fa sol la si*♭ *ut ré*.

Réciproquement, la gamme *mi fa# sol# la si ut# ré# mi*, mise dans l'octave de *sol*, deviendra : *sol la si ut re mi fa# sol*.

191. La connaissance des règles de la transposition n'est pas indispensable au chantre; il peut, sans se préoccuper du nom des notes, leur donner l'intonation qui convient à sa voix. Mais il n'en est pas de même des instruments qui accompagnent le chant; ayant leurs notes fixes, ils ne peuvent changer le ton d'une pièce, c'est-à-dire, la prendre plus haut ou plus bas, sans la transposer comme il vient d'être dit.

192. C'est donc principalement pour les instruments que nous avons donné ces détails sur la transposition, car on ne s'en sert pas dans les livres imprimés. On n'y voit guère que les transpositions qui ne demandent aucun signe modificatif, ou qui n'exigent que le bémol sur le *si* ; telles sont les transpositions à la quinte inférieure ou à la quarte supérieure, et la réduction des modes affinaux.

SECONDE PARTIE.

PRATIQUE DU PLAIN-CHANT.

193. Nous avons vu, dans la première partie, la théorie du Plain-Chant, et, en quelque sorte, les matériaux qu'il emploie. Il nous reste maintenant à savoir tirer parti de ces matériaux, à mettre en pratique les connaissances que nous avons acquises, et à trouver les moyens qui pourront nous conduire à une bonne exécution vocale, c'est-à-dire, à *bien chanter*.

194. La bonne exécution du Plain-Chant offre plusieurs difficultés, qu'il est à propos d'attaquer l'une après l'autre pour en triompher plus facilement. Nous traiterons donc, successivement, de la voix, des premiers exercices d'intonation, de l'union des paroles à la mélodie, du chant en chœur, et, enfin, des diverses pièces de chant qui font partie de l'office divin.

CHAPITRE PREMIER.

VOIX.

195. La première chose à faire pour bien chanter, c'est de régulariser sa voix, et de l'améliorer, autant que possible.

196. Il est rare de trouver une voix ayant naturellement toutes les qualités désirables ; mais, avec du travail, beaucoup de défauts se corrigent sans grandes difficultés, et une voix, même défectueuse, peut encore devenir agréable.

197. Les principales qualités d'une bonne voix sont la *justesse*, la *sonorité* et la *flexibilité*.

198. Une voix est juste quand elle donne à chaque son le degré d'élévation qu'il demande. Dans le cas contraire, la voix est fausse.

199. La voix sonore est celle qui a le degré convenable de vigueur et de clarté ; la voix qui manque de sonorité est une voix faible, nasillarde, criarde, gutturale ou voilée.

200. Enfin, la voix flexible est celle qui peut, sans peine, donner aux sons tous les degrés de force ou de douceur, et les parcourir avec l'agilité et la souplesse convenables. La voix lourde, raide, est l'opposé de la voix flexible.

201. Voici maintenant par quels moyens on peut acquérir ou perfectionner ces précieuses qualités.

202. La justesse de la voix dépend en partie de la finesse de l'ouïe ; or, l'une et l'autre se développent par des exercices à demi-voix et dans un mouvement lent, par la répétition d'une mélodie qu'on vient d'entendre, par l'exécution quotidienne des gammes, et par l'audition de bons chantres. Toutefois, il est indispensable que ces exercices soient dirigés par un bon maître.

203. La sonorité et même la justesse de la voix dépendent beaucoup de la respiration, de la posture du corps, de la manière d'ouvrir la bouche et de la constitution des organes vocaux.

204. La respiration est l'action que font les poumons pour attirer ou repousser l'air ; le premier de ces actes se nomme *aspiration*, et le second, *expiration*.

205. Sans un grand volume d'air, qu'on doit savoir comprimer et ménager longtemps, il n'est point de force dans la

voix, et les sons ne peuvent être soutenus convenablement. Il faut donc s'efforcer d'aquérir la puissance nécessaire sous ce rapport.

206. Pour y parvenir, on s'exerce chaque jour à respirer de manière à faire l'aspiration le plus promptement possible, en retirant le ventre, tandis que la poitrine s'élargit et s'avance ; l'expiration, au contraire, doit se faire très-lentement, en ramenant insensiblement le ventre et la poitrine à leur état naturel, afin de ménager, le plus longtemps possible, l'air qu'on a introduit dans les poumons.

207. Le corps doit être d'aplomb, la poitrine bien dégagée, la tête droite, quelque peu inclinée en arrière quand on veut produire des sons aigus, et en avant pour les sons graves. Il faut s'habituer de bonne heure à prendre une attitude agréable, sans raideur ni exagération, et éviter, avec soin, tout geste, toute contorsion ridicule.

208. La bouche doit avoir une ouverture moyenne, et présenter une légère expression de sourire. L'ouvrir trop serait disgracieux et fatigant ; mais ce défaut est très-rare. Plus généralement on tient la bouche trop fermée, ce qui rend le son étouffé et nazillard. La langue doit s'étendre, sans raideur, entre les dents de la machoire inférieure, et ne se mouvoir que pour l'articulation des mots.

209. Enfin, la bonne constitution des organes de la voix entre aussi pour quelque chose dans la beauté des sons ; on évitera donc tout ce qui pourrait les comprimer ou les affaiblir. Du reste, l'exercice journalier et bien réglé du chant ne contribuera pas peu à les développer, et à les entretenir dans un bon état.

210. La flexibilité s'acquiert par les exercices désignés

sous le nom de *mise de voix*, lesquels consistent à soutenir et à filer des sons. On commence par les notes moyennes de la voix, qui sont les plus faciles, et on arrive par degrés jusqu'aux sons extrêmes.

211. Le son filé doit s'attaquer d'abord très-faiblement; on augmente ensuite graduellement la voix jusqu'à ce qu'elle atteigne tout son volume ; et, enfin, on en diminue insensiblement la force. La durée du son doit augmenter peu à peu, et se proportionner au développement de la respiration. Pour une voix ordinaire, elle peut être de 15 à 20 secondes.

212. Cet exercice est des plus importants et des plus propres à former la voix : il en corrige les défauts, il en développe les organes, et il augmente aussi l'étendue de la respiration ; mais on doit éviter soigneusement de se forcer, en voulant soutenir le son trop longtemps.

213. La voix humaine est sans contredit le plus beau et le plus simple des instruments de musique ; mais c'est aussi le plus délicat et le plus fragile. Il est donc nécessaire de prendre certaines précautions pour la conserver , et ne pas s'exposer à perdre, en un instant, le fruit de ses études.

214. Voici les principales :

1° Suivre un régime sobre , une conduite réglée; user de lait clarifié et de boissons pectorales. Eviter les liqueurs fortes, les fruits verts , les crudités, l'usage habituel des aliments épicés, vinaigrés ou huileux ; les excès de tous genres, même dans l'étude, le travail et les exercices corporels.

2° Eviter les intempéries de l'air , les transitions brusques du chaud au froid, l'action directe des rayons du soleil, les brouillards, le serein, les veilles. le froid aux pieds, à la tête et au cou ; éviter encore de se laver la bouche avec de l'eau trop froide, d'y tenir de la neige ou de la glace.

3°. Eviter les cris et les éternuments violents, ainsi que les discours, les lectures à haute voix, et les conversations qui auraient trop de durée ou trop d'animation.

4°. Eviter de forcer sa voix pour la rendre plus grosse ou l'étendre au-delà de son diapason, particulièrement à l'époque de la mue et quand on se trouve dans une salle remplie de monde ; de chanter devant un grand feu, une porte entr'ouverte, en plein air, surtout le soir, pendant ou immédiatement après le repas.

5° Enfin, il ne faut négliger aucune des indispositions qui peuvent affecter la gorge, les poumons ou la poitrine.

215. Le temps à consacrer aux exercices de chant n'est pas tout-à-fait indifférent : le moment le plus favorable paraît être le matin, à jeûn, quelque temps après le lever ; ou bien encore après la digestion.

216. Une autre observation très-importante est de prendre chaque jour un temps réglé pour s'exercer à la pratique du chant ; de s'attacher à exécuter une étude aussi bien qu'on en est capable, et de ne passer à une autre qu'après avoir suffisamment appris la première. Parcourir beaucoup de choses à la légère, est le plus sûr moyen de ne rien apprendre.

CHAPITRE II.

EXERCICES D'INTONATION.

217. L'intonation, en général, est l'art de rendre le son juste des notes.

218. Pour acquérir le sentiment de l'intonation, il faut faire une étude spéciale du *solfége*.

219. On appelle *solfége* une réunion d'exercices gradués destinés à être solfiés, c'est-à-dire, chantés en prononçant les syllabes *ut, ré, mi, fa*, etc., par lesquelles chaque son est désigné.

220. L'action de chanter ainsi s'appelle *solmisation*.

221. Les syllabes employées pour désigner les sons servent à maintenir l'idée qu'elles déterminent, en même temps qu'elles préparent à une bonne prononciation des mots en chantant.

222. Avant d'aborder la solmisation, il est nécessaire d'avoir une connaissance parfaite des notes et des signes employés dans l'écriture musicale ; alors, l'attention n'étant point partagée entre le nom et le ton des notes, se portera tout entière sur l'intonation, et il deviendra plus facile de la retenir.

223. Il n'est pas moins essentiel de faire ces exercices en présence d'un maître qui puisse donner le ton, et rectifier ce qu'il y aurait de défectueux dans l'exécution. Privé de cette direction, on serait exposé à se fausser la voix ou à contracter des habitudes vicieuses, dont il serait ensuite difficile de se corriger.

224. A défaut de maître, on peut se servir d'un piano ou d'un harmonium ; pourvu que l'on soit capable d'apprécier le parfait accord de deux voix, ce que nous supposerons.

225. Voici l'octave moyenne d'un clavier et les notes correspondantes.

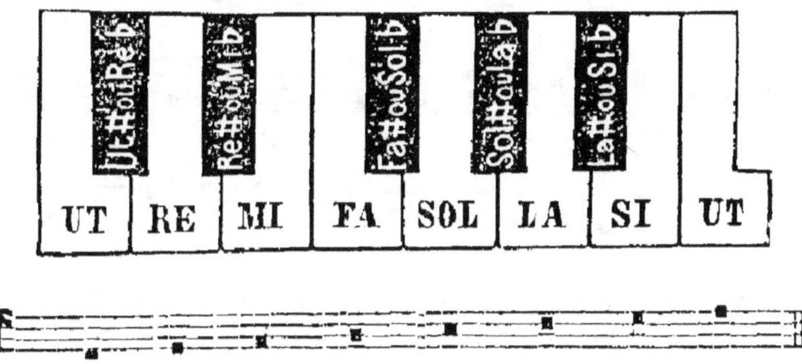

On ramènera d'abord le clavier transpositeur à la portée de la voix, d'après les principes donnés aux chapitres de la transposition et du chant en chœur, page 33 et page 65, nᵒˢ 294-297 ; puis, en touchant sur le clavier les notes de l'exercice, on aura les sons qu'il faudra s'efforcer de reproduire avec la voix.

SOLFÉGE.

226.
Secondes.
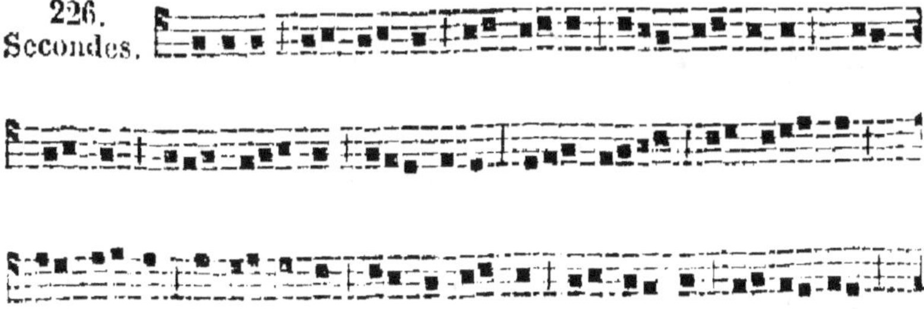

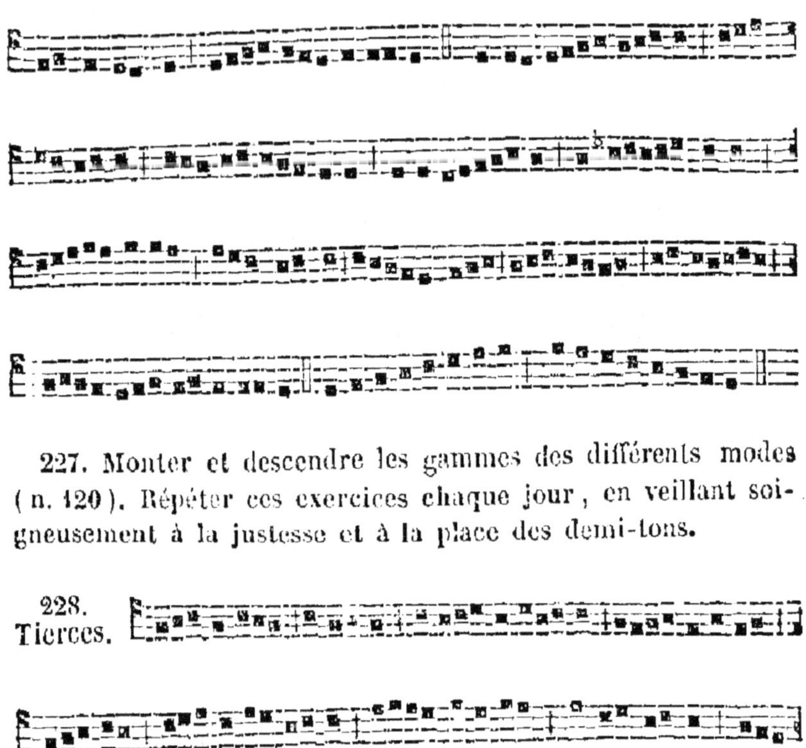

227. Monter et descendre les gammes des différents modes
(n. 120). Répéter ces exercices chaque jour, en veillant soigneusement à la justesse et à la place des demi-tons.

228.
Tierces.

229.
Quartes.
230.
Quintes.

231.
Clef d'ut 3e ligne.

233. Transports et
changements de clefs.

VOCALISATION

234. Après les exercices de solfége , il est utile de s'habituer à chanter les notes sur une voyelle sans prononcer
leurs noms particuliers. C'est ce qu'on appelle *vocaliser*.

235. On emploie de préférence la voyelle *a* , parce qu'elle fa-
vorise davantage le développement de la voix ; mais il est bon
aussi d'employer quelquefois les autres voyelles, afin de s'habituer à les bien prononcer.

236. Les exercices de vocalisation habituent peu à peu à chanter sans nommer les notes, et l'on arrive ainsi à dire simultané-
ment le texte et la mélodie de toute espèce de morceau de
chant.

237. La vocalisation est donc l'intermédiaire par lequel on
passe de la solmisation à *l'art de chanter les paroles*.

238. C'est par la vocalisation qu'on donne les derniers

perfectionnements à la voix, qu'on parvient à la porter convenablement à toutes sortes d'intervalles, et qu'on peut soutenir les sons et les attaquer avec toute la justesse possible.

239. On doit surtout veiller à la bonne émission des sons et à l'ouverture convenable de la bouche. Cette ouverture varie suivant la prononciation des différentes voyelles et de leurs équivalents : pour la voyelle *a*, l'écartement des dents peut avoir environ deux travers de doigt ; cet écartement devient presque nul pour la voyelle *u* ; et, pour les autres voyelles, soit simples, soit composées, il est entre ces deux extrêmes, à peu près dans l'ordre suivant :

a, é, an,   on, o, un,   in, e, é,   ou, i, u.

240. Les exercices de vocalisation peuvent se faire sur ceux que nous avons donnés comme solfége, ou sur les pièces ci-après, chap. III et V.

241. Il est très-important de bien remarquer la différence d'intonation qui existe entre les deux espèces de secondes et de tierces (majeures et mineures). Il faut non-seulement pouvoir les distinguer à l'audition, mais encore les exécuter alternativement, soit en montant, soit en descendant, et à partir d'un son quelconque. On fera bien de s'y exercer, en pratiquant des vocalises analogues aux deux suivantes, où les bémols et les dièses affectent seulement la note devant laquelle ils se trouvent.

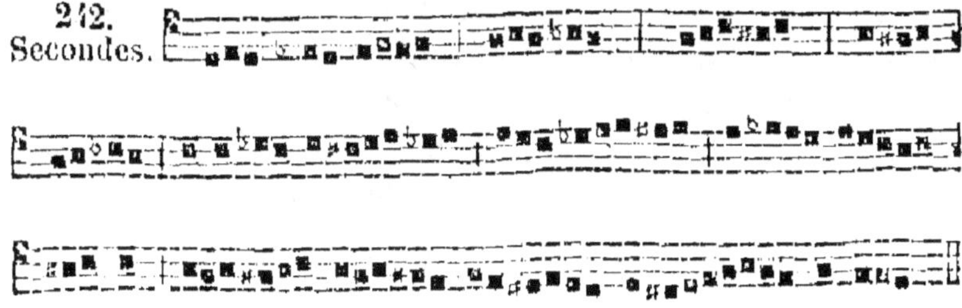

242.
Secondes.

243.
Tierces.

CHAPITRE III.

UNION DES PAROLES A LA MÉLODIE.

244. La pratique du solfége nous a rendus maîtres de l'intonation de tous les intervalles ; les exercices de vocalisation nous ont appris à séparer les sons de leurs noms particuliers ; il ne nous reste plus maintenant qu'un pas à faire pour atteindre le but que nous nous sommes proposé, c'est-à-dire, l'exécution simultanée de la mélodie et des paroles.

245. Pour atteindre ce but, il faut choisir quelques morceaux de chant; et, après les avoir d'abord solfiés, puis vocalisés, essayer d'y joindre les paroles.

246. On peut encore faire une sorte d'*épellation musicale*, qui consiste à prononcer les mots isolément, après en avoir nommé les notes. Exemple :

247. Si l'on éprouve quelque peine dans l'exécution d'un passage, il faudra le répéter, en décomptant les intervalles, s'il est besoin, jusqu'à ce qu'on soit parvenu à le bien rendre. C'est le moyen de surmonter les difficultés et de faire de rapides progrès.

On pourra s'exercer sur les pièces suivantes et sur celles que nous donnerons au Chapitre V, ci-après.

in-di- vi- sa U- ni-tas: confi-te- bimur e- i, qui-a
fe- cit no- bi- scum mi-se- ri- co- rdi- am
su- am. Alle- lu- ia, alle- lu- ia. Be-
ne-dic anima me- a Do- mi-no qui sa-
nat omnes in-firmi- ta- tes tu-
as.
250.
Quartes.
Laudem Do- mi-ni lo-que-tur os
me- um, et be- ne-di- cat omnis ca- ro no-
men san- ctum e- jus. Ex
o- re in-fan-ti- um, De- us, et lacten- ti-
um pa- rfe- ci-sti lau- dem propter i- ni-mi-

cos tu- os. Bene-di- co te, Pa-ter Domini me-i
Je-su Chri-sti, qui-a per Fi- li- um tu-um i- gnis ex-
tinctus est a la- tere me-o.
251. Quintes.
A-ve Ma- ri- a, gra-ti-a plena, Dominus te- cum,
benedi-cta tu in mu-li- e-ri-bus. Alle- lu-ia.
Sancti tu- i, Do-mi-ne, flo- re-hunt sicut li-li- um,
A- llelu- ia: et si-cut odor ba-lsami e-runt ante te.
A- lle-lu-ia. Au-ribus pe- rci- pe, Do-
mine, ora-ti-o-nem me- am.
252. Sixtes et Octaves.
A- lma Redempto-
ris Ma- ter, Quæ pe- rvi- a cœ- li Po- rta

2:3.
Récapitulation.

e-xclama- vit et di- xit: O bo- na crux, di-u de- si-
de- ra- ta, et jam con-cupiscen-ti a-nimo præpara- ta:
se-cu-rus et gaudens ve-ni-o ad te, i- ta et tu e-
xu-ltans su-sci- pi-as me di-sci- pu-lum e- jus, qui
pepen- dit in te.
254.
Clef de fa.
A- lle- lu- ia. ij. ℣. Ve-
ni San-cte Spi- ri-tus, re-ple tu-o-
rum co-rda fi-de- li-um: et tu-i a- mo-
ris in e- is ignem a- ccende.
Laus et pe-re-nnis glo-ri-a De- o Pa- tri, et Fili-o, sancto simul Pa-ra-cli-to, in seculorum secu-la.

255.
Lignes supplémentaires.

256.
Changements de clefs.

257. Il ne suffit pas, pour être bon chantre , de donner à chaque son la durée et l'intonation qu'il doit avoir, en prononçant les paroles qui accompagnent la mélodie ; ce n'est là , en quelque sorte , que la partie matérielle du chant : il faut encore bien *accentuer* son exécution , c'est-à-dire , bien prononcer les paroles, bien phraser la mélodie, et bien exprimer les sentiments que l'on doit éprouver.

258. Une accentuation convenable est le meilleur moyen de donner au Plain-Chant tout l'intérêt qu'il mérite, et de produire tous les bons effets qu'on doit en attendre. Il est donc important de bien se pénétrer des détails que nous allons donner sur les trois parties principales d'une bonne exécution.

§ I.

Prononciation.

259. La bonne prononciation consiste à donner à chaque lettre et à chaque syllabe le son que prescrit le bon usage, à les articuler distinctement, et à les proférer avec la force qu'exigent le sens des paroles et l'étendue du lieu où l'on chante.

260. On apprend à donner aux syllabes le son convena-

ble, en écoutant les personnes qui ont une prononciation correcte; on apprend à articuler, en lisant lentement, à haute voix, et en prononçant fortement les consonnes, sans affectation cependant.

261. Il faut aussi avoir égard à l'étendue du lieu où l'on se trouve : on ne prononce pas avec autant de force et d'énergie dans un petit appartement, que dans une grande salle remplie de monde.

262. En outre, tous les mots d'une phrase, ni même toutes les syllabes d'un mot, ne se prononcent pas avec la même intensité; il en est sur lesquels on appuie davantage, d'autres que l'on passe plus légèrement, suivant le sens des paroles. La même chose existe pour les notes qui forment une mélodie. Cette différence dans l'intonation ou la manière de la faire est désignée plus particulièrement sous le nom d'*accent*.

263. Dans la langue latine, seule employée par l'Eglise d'Occident, il faut distinguer la *quantité* et *l'accentuation*.

264. La quantité règle la durée des syllabes. Sous ce rapport, il y a, en général, les longues, les brèves et les moyennes ; mais chacune de ces trois espèces varie encore, du plus au moins, dans le discours.

265. L'accentuation détermine le ton qu'il faut donner aux syllabes ; il y a les syllabes fortes ou aiguës, les faibles et les moyennes.

266. La mélodie modifie, plus ou moins, la quantité des syllabes, surtout dans les chants métriques. Néanmoins, elle ne doit pas aller jusqu'à rendre brève une syllabe longue, et *vice versa*.

267. L'accent porte son influence, et sur la parole, et sur la musique; en sorte que la réunion de l'une à l'autre doit présenter, sous ce rapport, une correspondance qui fasse ressortir les syllabes accentuées, au moins par une certaine insistance de la voix.

268. Les règles de la quantité et de l'accentuation latines ne peuvent être mises à la portée de ceux qui ne connaissent pas cette langue; mais elles pourraient être apprises, d'une manière pratique, par l'emploi convenable de quelques signes typographiques. C'est ce qu'on a heureusement tenté dans quelques éditions nouvelles.

269. Voici cependant quelques règles générales relatives à l'accent.

1° Tout mot qui n'est pas subordonné à un autre, reçoit l'accent.

2° Chaque mot n'a jamais qu'une syllabe forte, laquelle est toujours la pénultième ou l'antépénultième, *DEus*, *DOminus*, *BeneDICtam*, excepté dans les mots hébreux indéclinés où elle est la dernière, *DaVID*.

3° Il n'y a non plus qu'une syllabe faible placée après la syllabe forte.

4° Les autres syllabes du même mot sont moyennes. Il en est de même de la dernière, à moins qu'elle ne finisse par une voyelle brève ou un *m.* suivis d'un mot commençant par une voyelle : *Plena est, Bonum est.*

270. Dans les livres de chant, lorsque le texte n'est pas noté, les mots qui ont plus de deux syllabes ont un accent aigu sur la syllabe forte (1).

271. Outre ce qui précède, la bonne prononciation demande encore qu'on évite les élisions choquantes, les coups de gosier trop rudes, les aspirations trop fortes, et enfin, tout ce qui peut blesser la délicatesse de l'ouïe : car, si partout cet organe est facile à s'irriter, c'est principalement dans le chant, qui forme son domaine spécial.

---

(1) Il serait à désirer que l'usage de cet accent s'étendît aux mots qui ne suivent pas la règle 2° ci-dessus, ainsi qu'aux monosyllabes qui en sont susceptibles. Il nous semble qu'aux moyens de ces accents (auxquels on donnerait une forme spéciale)

§ II.

Manière de phraser.

272. Bien phraser la musique, c'est en marquer les phrases et partie de phrases, de manière à faire ressortir le rapport et la connexion qu'elles ont entre elles et avec les paroles.

273. La phrase musicale est une suite de sons formant un sens plus ou moins complet.

274. Un morceau de Plain-Chant est une espèce de discours dont l'unité et la clarté ressortent d'autant mieux que les phrases, dont il se compose, affectent des formes imitatives, et sont liées par des rapports symétriques.

275. Cette symétrie qui doit exister entre les phrases et les membres de phrase, est une conséquence du rythme, et, comme lui, elle est plus ou moins rigoureuse.

276. Le Plain-Chant proprement dit n'admettant qu'un rythme irrégulier, n'a qu'une symétrie approximative Dans les chants métriques, au contraire, la symétrie doit être plus parfaite. Ces deux espèces de chants présentent, sous ce rapport, à peu près la même différence que la prose et les vers en littérature.

277. Le discours musical a aussi sa ponctuation, et c'est en l'observant avec soin qu'on parvient à lui donner la clarté désirable. Cette ponctuation est indiquée par les signes que nous avons nommés stanguettes (31), et surtout par le rang de la note qui termine chaque idée.

et des régles ci-après, n°. 337 et suiv., la psalmodie serait à la portée de tout le monde.

278. Le repos sur la finale est comme le point final ; le repos sur la dominante correspond aux deux points et au point-
virgule. Les autres repos ont une moindre importance et
se font sur la médiante , plus rarement sur la seconde majeure
au-dessus et au-dessous de la finale, sur les secondes majeures
et mineures au-dessous de la dominante, excepté dans le cinquième mode, et enfin sur les notes extrêmes de l'octave.

279. Quand la musique est parfaitement adaptée aux paroles,
les deux ponctuations se correspondent ; le sentiment de la
mélodie est le même que celui du texte ; et cette concor-
dance, en augmentant l'expression propre de l'une et de l'autre, donne à leur réunion le plus haut degré de force et de
vérité.

280. Le chantre devra donc s'efforcer de saisir les caractères
du chant, ses divisions et ses subdivisions , ainsi que son rapport avec les paroles , afin de ne pas en dénaturer le sens par
des repos mal placés.

281. Pour cela , il doit être en état de garder sa respiration,
de manière à pouvoir donner à chaque note le degré de force
qui lui convient , et à ne reprendre haleine qu'à la fin des
phrases ou de leurs subdivisions. Toutefois c'est plutôt en sa-
chant respirer à propos , aux signes de silence et aux notes
de repos, qu'il acquerra l'art de phraser avec aisance et facilité.

§ III.

Expression.

282. C'est surtout de l'expression que dépend l'effet d'un
morceau de musique ; c'est elle qui répand dans l'exécution
ce souffle de vie qui anime le chant et manifeste toutes les
affections de l'âme. Mais c'est aussi ce qu'il y a de plus dif-

ficile à pratiquer, et ce qu'il est encore plus difficile d'en-seigner.

283. Tout ce qu'on peut dire à cet égard, c'est qu'il faut exprimer chaque chose d'une manière vraie et naturelle : soutenir et modifier la voix, suivant que l'exigent le sentiment, le caractère du morceau, et surtout le sens des paroles.

284. Ceux qui ne comprennent pas le latin feront donc très-bien de lire la traduction des textes qu'ils doivent chan-ter, et de faire des efforts pour en bien saisir le sens et le sentiment. C'est le meilleur moyen de donner à leur exécu-tion l'expression convenable.

285. Toutefois, cette expression ne doit être ni exagérée ni même trop sensible. On doit se garder surtout de courir après les ornements extérieurs ; de donner une trop grande variété aux inflexions de la voix; d'introduire dans le chant certaines notes que l'on passe rapidement, et, en un mot, de tout ce qui sentirait l'affectation. Il faut chanter de cœur autant que de bouche, et s'oublier soi-même. Un chant pieux et sans préten-tion élève l'âme et porte à la vertu ; tandis qu'on sent tout de suite la vanité de celui qui cherche à se faire admirer.

286. C'est donc par la méditation des paroles, aussi bien que par l'examen approfondi du caractère des modes et des tour-nures qui leur sont propres, que l'on peut acquérir cette facilité, cette assurance et ce goût délicat, qui sont le fruit d'une pra-tique constante et éclairée.

CHAPITRE IV.

CHANT EN CHŒUR.

287. On appelle chant en chœur celui qui est exécuté par un certain nombre de personnes.

288. Pour la bonne exécution de ce chant, il faut avant tout que chacun de ceux qui y prennent part, connaisse bien les principes du Plain-Chant, et qu'il possède les qualités d'une bonne voix, au moins à un degré suffisant ; mais il faut en outre apporter une attention particulière aux points suivants.

§ I.

Intonation. — Ton du Chœur.

289. Il importe d'abord de régler l'*intonation* et le *ton* des pièces de chant.

290. Ordinairement, chaque pièce est commencée par un seul chantre, qui donne le ton, et le chœur continue ensuite. C'est ce qu'on appelle *entonner*, et le fragment, ainsi détaché, s'appelle *intonation*.

291. Afin de préciser le moment où cesse l'intonation, on est dans l'usage de la terminer de l'une des trois manières suivantes :

1° En *prolongeant* simplement les deux dernières notes.

2° En faisant entendre, avant la dernière note, sa seconde supérieure suivie de **sa seconde** inférieure ; c'est ce qu'on appelle *périélèse* ou *circonvolution*.

3° En faisant suivre la dernière note de sa seconde inférieure, après laquelle on revient sur la dernière. Cette addition s'appelle *diaptose* ou *intercidence*. Exemples :

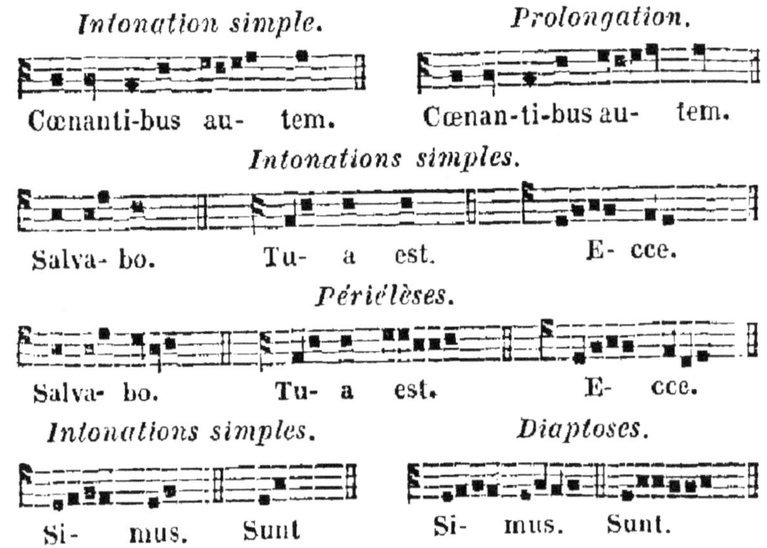

292. L'intonation est ordinairement écrite telle qu'on doit la faire, et séparée du reste de la pièce par une double barre. Il faut sur ce point suivre l'usage établi; et, s'il n'y en a pas, s'en tenir à la prolongation, ou mieux encore à la note écrite.

293. L'important est de faire l'intonation dans le ton convenable et avec une grande précision ; car une pièce mal entonnée est ordinairement une pièce mal chantée.

294. Il ne suffit pas que chaque pièce, prise séparément , soit entonnée d'une manière convenable ; il faut encore que toutes celles qui font partie du même office , soient ramenées au *ton du chœur.*

295. On entend par ton du chœur une note de la gamme

qui occupe à peu près le milieu de l'étendue des voix dont le chœur se compose, et à laquelle doivent se rapporter les dominantes des huit modes du Plain-Chant, ou la note moyenne d'une pièce de chant.

296. Le ton du chœur est ordinairement le 2e *la* de l'échelle générale (80), lequel répond au 2e *la*, à gauche, de l'harmonium à cinq octaves ; mais on peut prendre toute autre note qui conviendrait mieux. L'essentiel, c'est que cette note soit telle que tous les morceaux puissent être chantés sans efforts et, autant que possible, dans la partie moyenne de la voix.

297. Le ton du chœur une fois fixé, voici comment on y ramène toutes les dominantes :

Il faut avoir, dans la pensée, le ton du chœur et y substituer la dominante du mode, ou la note moyenne du morceau que l'on doit chanter; puis, descendre ou monter jusqu'à la note initiale, en conservant toujours, bien entendu, les rapports qui existent entre les notes.

Supposons, par exemple, que le ton du chœur soit *la*, et que l'on ait à entonner une pièce du 2e mode commençant par *ré*. En établissant, sur le ton du chœur, la dominante *fa* du 2e mode, et descendant de deux degrés, *fa mi*, nous arriverons au *ré* cherché, et le morceau se trouvera, par le fait, transposé d'une tierce majeure plus haut.

298. Pour avoir toujours présent le ton du chœur on peut se servir d'un petit instrument monophone, appelé *diapason*, sonnant le 3e *la* de l'harmonium à cinq octaves.

299. Quand le chœur est accompagné par un instrument, c'est lui qui donne le ton convenable. L'instrumentiste guide l'intonation d'après ce qui précède, et ce qui a été dit au chapitre de la transposition, page 33 (1).

(1) Telles sont les règles qu'on donne généralement pour le ton à donner aux pièces d'un office, et ce sont à peu près les seules praticables, vu le petit nombre des chantres qui composent

§ II.

Ensemble du Chœur.

300. Après la parfaite intonation , rien n'est plus important que le parfait ensemble du chœur. Tous doivent accorder si bien leur voix, qu'elles semblent n'en former qu'une seule, en sorte qu'ils chantent tous, en même temps, la même note, prononcent la même syllabe , gardent le même mouvement et fassent les mêmes repos.

301. Le mouvement doit varier avec les différentes solennités. Il doit être très-lent aux fêtes solennelles ou de première classe, un peu moins lent aux fêtes de seconde classe, modéré aux dimanches et aux fêtes doubles, et léger aux fêtes simples. Cependant, il ne faut pas que la lenteur devienne fatigante, ni que la vitesse fasse perdre au chant le ton d'une prière.

302. Dans le même office, toutes les pièces de chant n'ont pas le même mouvement. Les processions, les introïts, les offertoires sont les pièces qui ont le plus de lenteur; les répons, les graduels, les alleluia et les communions viennent après ; les plus légères sont les proses, les hymnes, les antiennes, les psaumes. Toutefois , dans le même morceau , le même mouvement doit exister jusqu'à la fin.

303. C'est au chef de chœur à déterminer le mouvement qu'il

le chœur de nos églises ; mais si les voix étaient plus nombreuses, et qu'on pût exécuter tous les modes sans les transposer, on entrerait bien mieux dans la constitution tonale du Plain-Chant, qui aurait alors beaucoup plus de puissance et de variété. Si l'on ne peut arriver à cette perfection, il serait souvent assez facile d'obtenir de meilleurs effets, en prenant la dominante des modes plagaux plus bas que celle des modes authentiques , comme le conseillent certains auteurs.

convient de donner à chaque pièce de chant; et , au besoin, il l'indique d'une manière ostensible, en faisant, sur chaque note, un petit mouvement de la main droite. Il faut en cela, comme en tout le reste, que tous aient pour lui une entière déférence.

304. Le chef de chœur doit encore :

1o Prévoir d'avance tout ce qui doit être chanté, et veiller à ce que les livres et autre objets nécesssaires soient placés convenablement.

2o Avertir chacun de ce qu'il devra chanter, et prévenir ainsi toute contestation et même toute hésitation.

3o Avoir soin de grouper les chantres de manière que toutes les voix ne forment qu'un corps, et se prêtent secours l'une à l'autre.

4o Etre attentif à corriger , mais le plus insensiblement possible, les fautes qui pourraient être commises.

5o Consulter, de temps à autre, son diapason pour s'assurer que le ton du chœur est bien maintenu ; et s'il arrive que l'on ait baissé , le faire comprendre par quelques signes , afin que chacun soutienne mieux sa voix , puis saisir adroitement l'occasion de ramener le chœur au ton convenable.

6o Enfin , s'efforcer d'augmenter chaque jour ses connaissances musicales ; exercer ses fonctions avec douceur , décence et modération, et ne rien negliger de tout ce qui peut contribuer à la bonne exécution du chant.

305. Pour obtenir cette bonne exécution, rien n'est plus utile que des répétitions bien faites. Le chef de chœur tâchera d'en faire le plus possible. Il instruira ses subordonnés, non-seulement quant à la lecture des notes, mais encore à la prononciation des paroles, et à la manière de respirer et de faire les repos. Il s'efforcera surtout d'exciter en eux les sentiments convenables , par la lecture et l'explication des textes qu'ils doivent chanter, en s'aidant, au besoin , des traductions qui se trouvent dans presque tous les paroissiens. C'est là, di-

sons-nous , le meilleur moyen de donner au Plain-Chant la dignité qui convient au lieu saint, et l'expression qui porte la piété dans l'âme des fidèles.

CHAPITRE V.

PIÈCES DE CHANT QUI COMPOSENT L'OFFICE DIVIN.

306. Les pièces de chant qui composent l'office divin, peuvent se diviser, sous le rapport de la mélodie, en quatre classes principales, savoir :

1º Celles dont le chant s'écarte peu du simple discours , et consiste dans une espèce de récitation plus ou moins accentuée.

2º Celles qui sont un peu plus mélodiques, et dont les psaumes font la plus grande partie.

3º Celles qui peuvent admettre toutes les variétés mélodiques des modes du Plain-Chant.

4º Enfin, celles qui ont, de plus, quelque régularité rythmique, telles que les hymnes et les proses.

§ I.

Récitation.

307. Les pièces qui appartiennent à cette catégorie, sont les prières, les lectures, les versets , et généralement ce qui se chante par une seule personne, sur un ton principal, avec des inflexions de voix réglées, en général, d'après la ponctuation et l'accentuation.

308. La prononciation doit être ici, plus que partout ailleurs, l'objet d'une attention spéciale. On s'efforcera donc de donner à chaque mot, et même à chaque syllabe, l'articulation, l'expression et l'accent convenables; de n'aller ni trop vite ni trop lentement ; de se rapprocher le plus possible du ton du chœur, et de chanter d'après l'usage établi, sans addition ni ornement.

Voici quelques-unes de ces pièces. Voir les livres de chaque Diocèse pour les détails et les variantes.

CHANT DES ORAISONS.

309. Chant férial, servant pour les Fêtes simples, les Féries, l'Office des Morts, les Complies et les autres petites Heures.

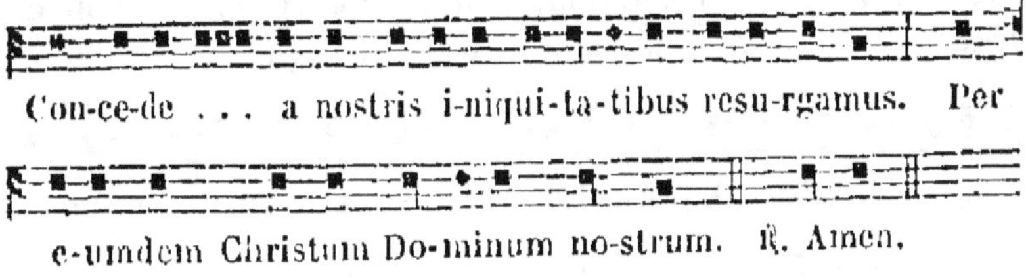

310. Chant festival, servant pour Matines, Laudes et Vêpres des Fêtes doubles, semi-doubles et des Dimanches.

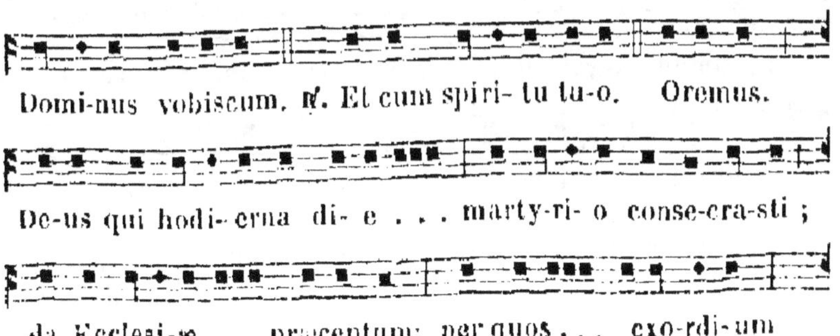

311. Les deux inflexions du chant festival se font, l'une sur les derniers mots de la première phrase ou du principal membre de phrase de l'Oraison, l'autre sur le dernier mot d'un deuxième membre de phrase. Quand l'Oraison, n'étant pas assez longue, ne peut recevoir les deux inflexions, on ne fait que la grande, *ut si la ut*.

CHANT DE L'ÉPÎTRE.

312. L'Epître se chante sur la note *ut* sans varier, sauf une légère modification aux signes d'interrogation.

313. L'Evangile se chante aussi sur la note *ut*, et l'on descend au *la* à la fin de chaque période, pour remonter à l'*ut*. On chante les interrogations comme dans l'Epître. Exemple:

Sequen-ti- a . . . secundum Ma-tthæum. Dixit Simon Petrus

ad Jesum . . . vi-tam æ-te- rnam po-sside-bit.

CHANT DES LEÇONS.

Absolution.

314. Exaudi, Domine, Jesu Chri-ste, pre-ces . . . et mise-

re-re nobis, qui cum Pa-tre . . . . vivis et regnas, in

secula seculorum. ℟. A-men. ℣. Jube Domne benedice-re.

Bénédiction.

Benedi-cti-one perpetu-a . . . nos Pater æternus. ℟. A-men.

Leçon.

De actibus A-posto-lorum. Petrus et Jo-annes . . . ora-ti-onis

nonam. Tu autem, Domine, mise-rere nobis, ℟. De-o grati-as.

Phrases terminées par un monosyllabe. —   Un mot indéclinable.

. . . . translatus est. Ce-cidit flos . . . in di-e Madi- an.

— Une interrogation.

. . . Quid clamabo? ou Ubi con-trista-tus?

CHANT DU CAPITULE.

315.  Benedictus De-us, et Pater Do-mini nostri Jesu

Chris-ti .... qui con-so-latur nos, in om- ni tribula-ti-one

nostra. ℟. · De-o gra-ti-as.

CHANT DES VERSETS.

316. A Matines , Laudes , Vêpres , et après les Répons brefs des Petites Heures.

Aux Fêtes doubles et semi-doubles.   Aux Fêtes simples.

Di-ri-gatur . . . ora-ti- o me-a.   . . . me-a.

317. Pour les Mémoires , à Complies , après les Antiennes à la Sainte Vierge, et aux Bénédictions du Saint-Sacrement.

Pro-cedamus in pace. In nomine Christi. Amen. Speravimus in te.

On chante de la seconde manière lorsque le Verset se termine par un monosyllabe, un mot hébreu , ou une syllabe fortement prononcée.

318. Pour l'Office des Morts et de la Semaine-Sainte.

A porta in-fe-ri. Divi-serunt sibi ves-timenta me-a.

CHANT DE LA PRÉFACE.

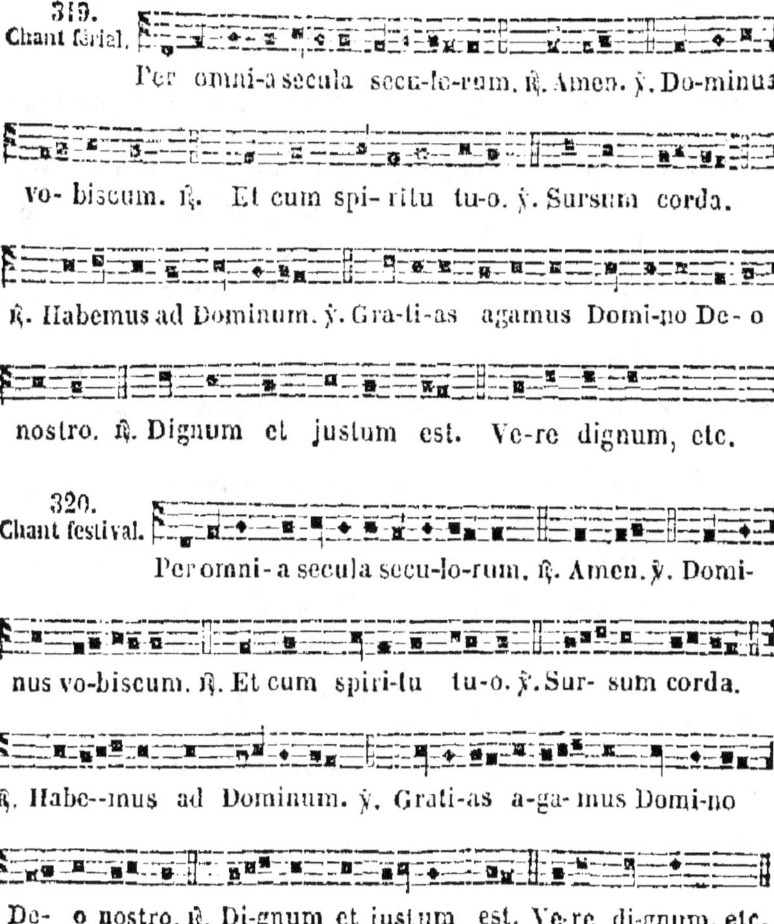

§ II.

Psalmodie.

321. Le chant des psaumes remonte à la plus haute antiquité. Il faisait les délices du peuple de Dieu, et il est probable que les premiers chrétiens nous ont transmis, avec le texte sacré, quelque chose des mélodies employées autrefois dans le temple de Jérusalem.

322. Il y a cinq choses à remarquer dans le chant des psaumes.

1° L'*intonation* ou *introduction*. C'est la manière de commencer le chant du psaume, elle ne porte jamais que sur les deux premières syllabes du verset.

2° La *teneur* ou note sur laquelle roule principalement le chant du psaume.

3° La *médiation* qui est un mouvement de la voix sur les deux ou les quatre syllabes qui terminent la première moitié de chaque verset.

4° La *médiante* ou repos qui partage le verset en deux parties, après lequel on reprend la teneur.

5° Enfin, la *terminaison* ou mouvement de la voix sur les dernières syllabes du verset.

323. L'intonation se répète à tous les versets des cantiques évangéliques ; mais on ne la fait qu'aux premiers versets des psaumes.

324. Aux fêtes simples, aux féries et à l'office des morts, on supprime l'intonation, et le psaume commence directement par la teneur.

325. Nous ferons remarquer que dans certaines églises on ne répète pas l'intonation aux versets des cantiques, et on ne l'o-

met pas en commençant les psaumes des féries et de l'office des morts.

326. Il n'y a pour chaque mode qu'une intonation et une médiation ; mais il y a une grande variété de terminaisons.

327. Cette variété vient de ce que les psaumes se lient à une pièce de chant appelée *antienne*, et il faut que les deux mélodies s'unissent convenablement.

328. Les terminaisons sont dites *incomplètes*, quand elles n'arrivent pas jusqu'à la finale du mode. Elles sont *complètes*, quand elles s'arrêtent à cette finale, et elles sont *plus que complètes*, quand, après l'avoir touchée, elles vont s'arrêter sur une autre note.

329. Au commencement de l'antienne on trouve, avec l'indication du mode, une lettre qui fait connaître la finale de la terminaison (171). Cette lettre est majuscule pour les terminaisons complètes, et minuscule pour les autres.

330. Dans le cas où l'on arrive de différentes manières à la même finale, on indique ces variétés par des lettres penchées ou surmontées d'un accent. Le premier mode a une de ces terminaisons complètes désignée par le J majuscule. Cette lettre est mise pour le chiffre 1, et marque tout simplement le premier mode.

331. Avec l'antienne on trouve encore la formule psalmodique, ou au moins sa terminaison accompagnée des voyelles *e, u, o, u, a, e*, qui entrent dans les mots *seculorum amen*. Ces voyelles indiquent la disposition des syllabes de cette terminaison.

332. Voici les formules psalmodiques des huit modes du Plain-Chant, avec les terminaisons principales et les variantes usitées dans quelques diocèses, pour les médiations et les cantiques évangéliques.

I. MODE.

II. MODE.

(1) Dans certaines églises, les trois dernières notes de ces deux formules sont remplacées par des brèves.

Ma- gni- fi-cat. Et e- xulta-vit spi-ritus me-us. Mi-hi
magna qui po-tens est. Glo-ri-a Pa-tri, et Fi- li-o.
Autre formule du II. Mode en A.
ou mieux
Lauda-te, Lauda-te Dominum
omnes gentes: lau-da-te e-um omnes popu-li.

III. MODE.

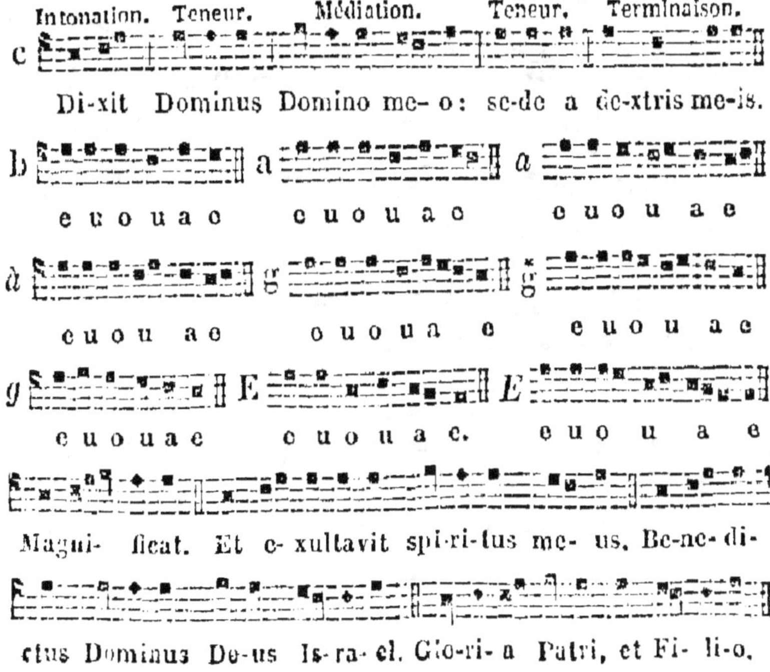

Intonation. Teneur. Médiation. Teneur. Terminaison.
c
Di-xit Dominus Domino me- o: se-de a de-xtris me-is.
b a a
e u o u a e e u o u a e e u o u a e
d g g
e u o u a e o u o u a e e u o u a e
g E E
e u o u a e e u o u a e. e u o u a e
Magni- ficat. Et e- xultavit spi-ri-tus me- us. Be-ne-dictus Dominus De-us Is-ra- el. Glo-ri- a Patri, et Fi- li-o.

IV. MODE.

V. MODE.

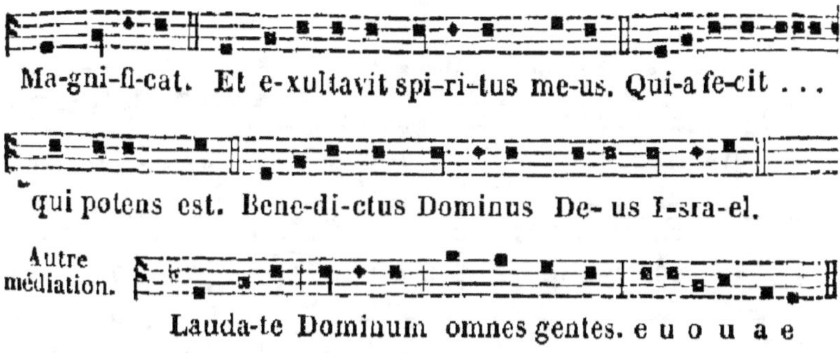
Ma-gni-fi-cat. Et e-xultavit spi-ri-tus me-us. Qui-a fe-cit ...
qui potens est. Bene-di-ctus Dominus De- us I-sra-el.
Autre médiation.
Lauda-te Dominum omnes gentes. e u o u a e

VI. MODE.

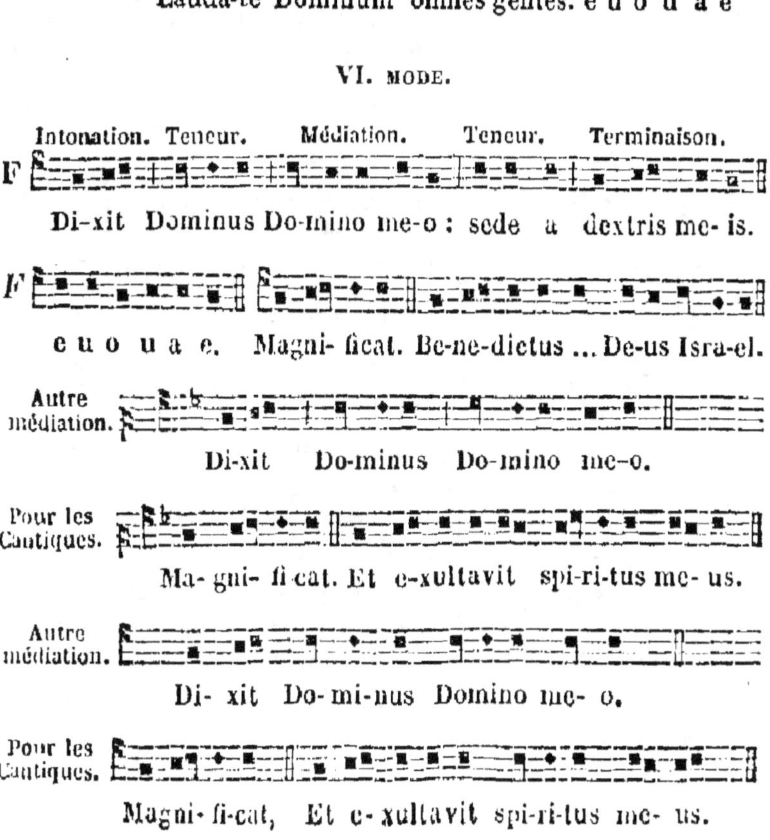
Intonation. Teneur. Médiation. Teneur. Terminaison.
Di-xit Dominus Do-mino me-o : sede a dextris me- is.
e u o u a e. Magni- ficat. Be-ne-dictus ... De-us Isra-el.
Autre médiation.
Di-xit Do-minus Do-mino me-o.
Pour les Cantiques.
Ma- gni- fi-cat. Et e-xultavit spi-ri-tus me- us.
Autre médiation.
Di- xit Do- mi-nus Domino me- o.
Pour les Cantiques.
Magni- fi-cat, Et e-xultavit spi-ri-tus me- us.

VII. MODE.

Di- xit Dominus Domino me-o : sede à dextris me-is.

e u o u a e.   e u o u a e.   e u o u a e.

e u o u a e.   e u o u a e.   e u o u a e.

e u o u a e.   e u o u a e.   e u o u a e.

Ma-gni- fi-cat. Et e- xultavit spi-ri-tus me-us.

VIII. MODE.

Laudate pu-e-ri Do-minum : lau-date no-men Domi-ni.

e u o u a e.   e u o u a e.   e u o u a e.

Ma-gni- fi-cat. Et e- xulta-vit spi-ri-tus me-us.

Dans quelques églises, on supprime l'inflexion à la seconde au-dessous de la teneur.

333. Les formules suivantes sont dites irrégulières, parce qu'elles s'écartent plus ou moins des principes suivis dans celles qui précédent.

334. Formule du premier mode, dite des pèlerins, irrégu-
lière par ses deux teneurs.

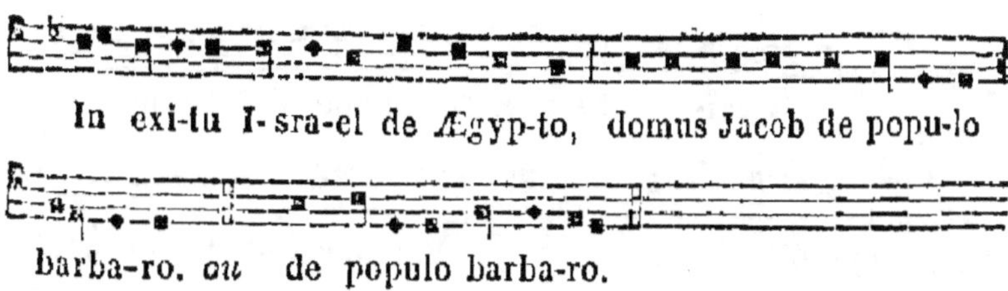

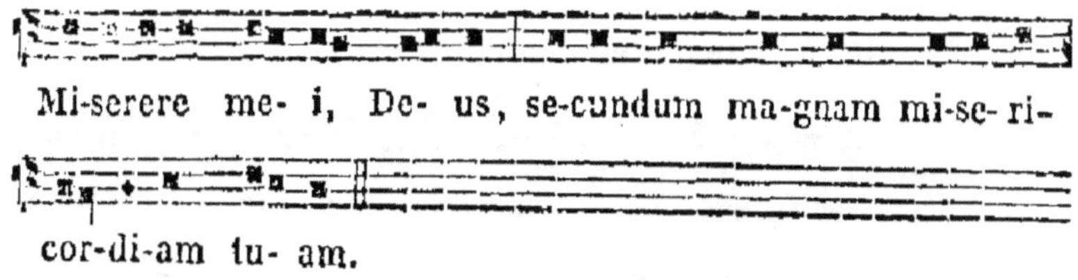

335. Formule du deuxième mode, usitée pour le psaume *Mi-
serere mei, Deus.*

336. Formule du sixième mode, dite *ton royal*, apparemment
parce qu'on l'applique au verset pour le chef de l'État.

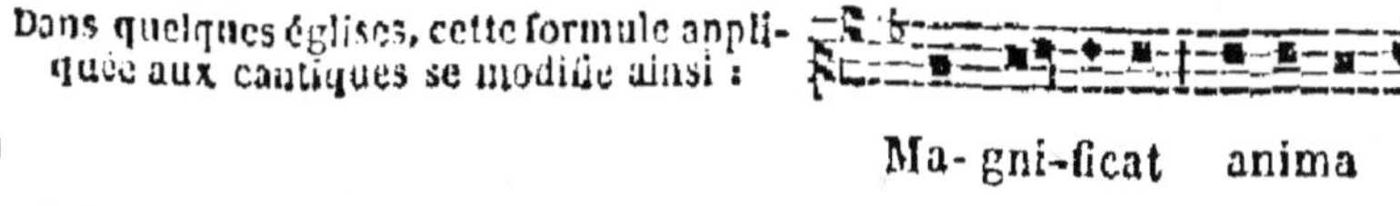

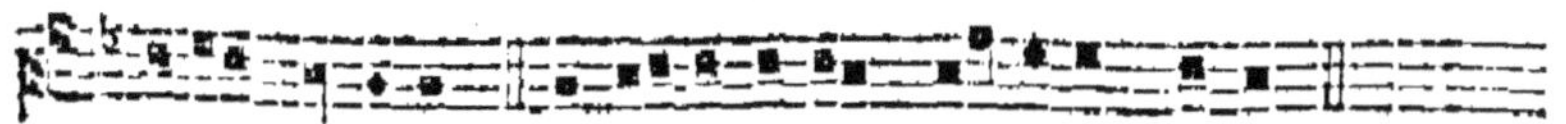

Dans quelques églises, cette formule anpli-
quée aux cantiques se modifie ainsi :

337. Formule de psalmodie à deux chœurs.

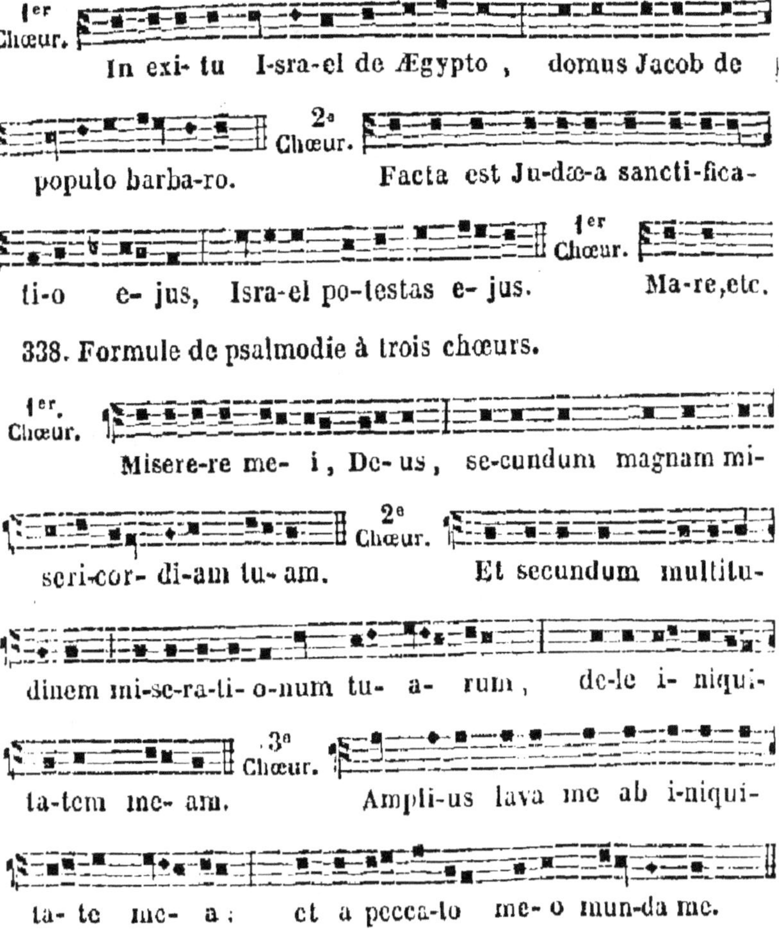

338. Formule de psalmodie à trois chœurs.

RÈGLES DE LA PSALMODIE.

339. La psalmodie, comme la récitation, est basée sur la prononciation et sur l'accentuation ; mais, comme la mélodie y est

un peu plus développée, il arrive parfois qu'elle contrarie l'accent du texte, et il devient nécessaire d'user de quelques précautions pour concilier les lois de l'une et de l'autre. De là les règles suivantes relatives aux intonations, aux médiations, aux terminaisons et aux repos.

340. Iʳᵉ Règle. Il faut d'abord bien adapter les paroles à la mélodie, en ne donnant à chaque syllabe que les notes qui lui conviennent, et en passant plus rapidement sur les syllabes faibles. Exemple :

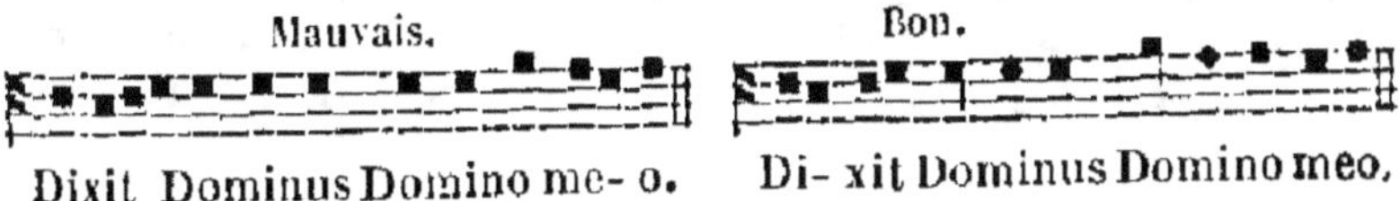

341. IIᵉ Règle. Dans les intonations à notes *détachées*, on applique chaque syllabe, forte ou faible, à une note différente ; mais si l'intonation présente des notes *liées*, la syllabe faible s'exprime sur le degré de la suivante. Exemples :

342. IIIᵉ Règle. Quand la médiation ou la terminaison commence par une note qui s'élève au-dessus de la teneur, cette note ne peut recevoir ni une syllabe faible, ni la dernière d'un mot. Si donc la note d'élévation tombe sur l'une de ces syllabes, il faut les considérer comme superflues et rétrograder jusqu'à ce que l'on trouve une syllabe convenable. Exemples :

Splendo-ri- bus sancto- rum.
Do-mi-nus ex Si- on.
argen- tum et au- rum.
ste- ri-lem in do- mo.

Do-mi-ni est sa- lus.
Imple- bit ru- i- nas.
Sunt Je- ru-sa- lem.
Do-mi-ne, non no- bis.

Sca-bel-lum pe-lum tu- o- rum.
I-ni- mi-co-rum tu- o-rum.
In te-rra multo-rum.
Mi-se- ra-tor et justus.

Cœlos glo-ri- a e- jus.
Po-pu- li su- i.
Fili- o- rum lætan- tem.
In fon-tes a- qua-rum.

343. IVᵉ RÈGLE. L'avant dernière syllabe des médiations et des terminaisons doit être aussi, généralement, une syllabe forte, afin de préparer la voix au repos. Exemples :

De-co- rem indu- tus est.
Bene-di- ci- te Do- mi-num.
Adjuto- ri- o A- lti- ssi- mi.
De la- que-o ve-nan-ti- um.

Veritas et ju- dici- um.
Non com-mo-vebi- tur.
Prote- ctor e- o-rum est.
Si-cut a- gni o-vi- um.

344. Cependant, lorsqu'on arrive au repos par un mot hébreu ou par un monosyllabe précédé d'un mot qui a la pénultième brève, la préparation du repos peut se faire sur une syllabe commune : l'accent grammatical cède alors à la mélodie, qui ne permet pas deux syllabes superflues de suite. Exemples :

Do- mine Da- vid.
Perse- quen-ti-bus me.
Noster Do- minus est.
Et e- ru- e me.

De can-ti- cis Si- on.
Lu-ci- fe- rum ge-nu-i-te.
Do-mi-no li- bera me.
Dedit ti- mentibus se.

345. Vᵉ Règle. Dans les médiations qui se terminent en descendant d'un degré sur la teneur (2e, 4e, 5e, et 8e modes), s'il se présente un mot hébreu indécliné ou un monosyllabe, on supprime la dernière note, et la distribution des syllabes se fait en conséquence. C'est ce qu'on appelle une *médiation rompue*. Exemples :

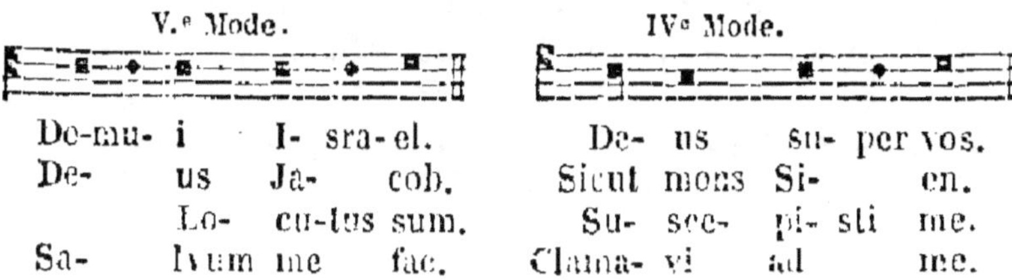

346. VIᵉ Règle. Les syllabes faibles sont regardées comme *superflues* ou *survenantes*, et elles ne comptent pas dans le nombre de celles qui sont nécessaires pour chaque médiation ou terminaison. Il en est de même, excepté le cas du nº 344, de certaines syllabes communes, particulièrement de la dernière d'un mot suivi d'un monosyllabe, qui se trouvent affaiblies par suite de la correspondance qui doit exister entre les syllabes fortes et les notes qui montent ou qui préparent les repos : *Locutus sum, suscepisti me, indutus est, implebit ruinas*, etc.

347. Cependant, on admet une syllabe faible ou superflue pour une note qui descend, ou pour celle qui monte mais qui est suivie d'une autre plus élevée ; il convient alors d'insister un peu plus que de coutume sur les syllabes faibles. Cette exception a lieu surtout dans les terminaisons du quatrième mode, à cause des cinq syllabes dont elles se composent. Exemples :

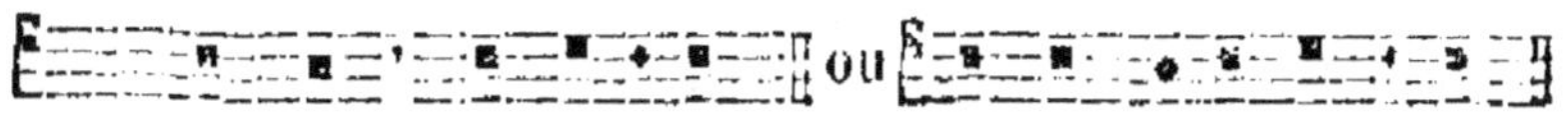

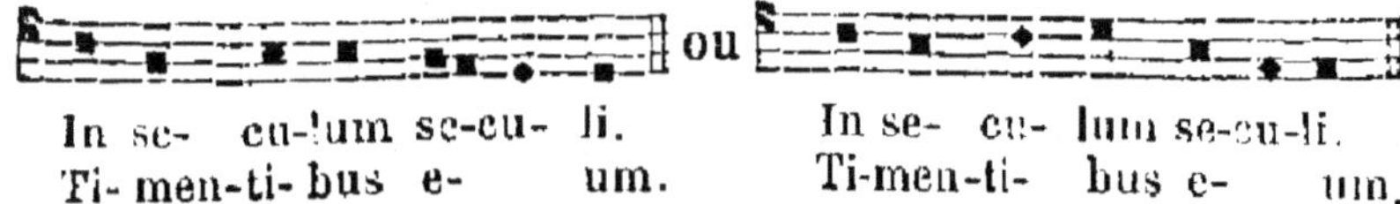

348. Le dernier exemple fait voir que la terminaison du 4e mode peut recevoir la dernière syllabe d'un mot sur la note la plus élevée ; mais il ne faudrait pas en conclure qu'il y admette une syllabe faible. Ainsi, il faut chanter :

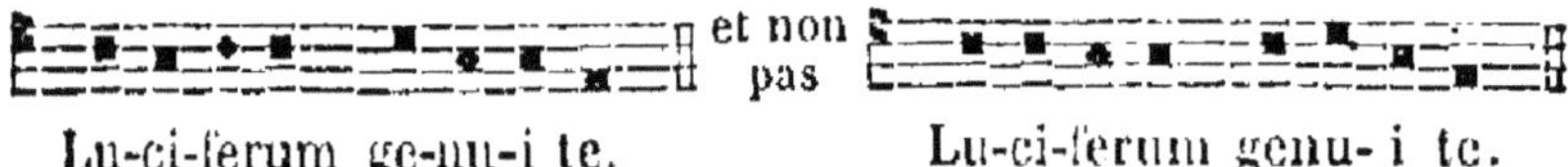

349. VIIe Règle. Les syllabes superflues se font ordinairement sur le degré de la syllabe suivante. Voyez les exemples ci-dessus.

350. On enfreint cette règle dans une mélodie qui monte par degrés disjoints, et dans une médiation rompue, pour donner plus de force à la dernière syllabe. Exemples : IVe et Ve Règle ci-dessus.

351 Quelques auteurs exceptent encore le cas d'une syllabe faible qui suit une pénultième n'ayant qu'une note, lorsque la dernière en a deux (IVe Règle, *Veritas et judicium*), et celui d'une survenante descendant par degrés conjoints sur l'accent qui prépare le repos (IIIe Règle, *Domini est salus*). Dans ce dernier cas, la note brève est souvent remplacée par une carrée, comme on le voit à l'exemple précédent, *splendoribus sanctorum*, de la même règle.

352. VIIIe Règle. Au milieu et à la fin de chaque verset, il faut faire un repos plus ou moins long, suivant le mouvement de la psalmodie. S'il est nécessaire d'en faire d'autres, ils doivent être très-courts, et placés de manière à ne pas partager les mots, ni séparer ceux qui ont entre eux une liaison intime. Par exemple :

' C'est une faute de dire :	Il faut placer les repos ainsi :
Deus , in adjutorium | meum intende.	Deus , in adjutorium meum | intende.
Domine , ad adjuvandum | me festina.	Domine, ad adjuvandum me | festina.
Sede à | dextris meis.	Sede | à dextris meis.
Dominare in medio | inimicorum tuorum.	Dominare | in medio inimicorum tuorum.
Ex utero ante | luciferum genui te.	Ex utero | ante luciferum genui te.
Confregit in die | iræ suæ reges.	Confregit | in die iræ suæ reges.
Exquisita in omnes | voluntates ejus.	Exquisita | in omnes voluntates ejus.
Et justitia ejus manet | in seculum seculi.	Et justitia ejus | manet in seculum seculi.
Intellectus bonus omnibus | facientibus eum.	Intellectus bonus | omnibus facientibus eum.
Potens in terra erit | semen ejus.	Potens in terra | erit semen ejus.
Non commovebitur donec despiciat | inimicos suos.	Non commovebitur | donec despiciat inimicos suos.
Ex hoc nunc, et usque | in seculum.	Ex hoc nunc | et usque in seculum.
Abraham et semini | ejus in secula.	Abraham | et semini ejus in secula.
Gloria Patri, et | Filio.	Gloria Patri, | et Filio.
Et in secula | seculorum. Amen.	Et in secula seculorum. | Amen.

353. Ces règles, sur la psalmodie, seront peut-être au-dessus de la portée de ceux qui ne connaissent pas le latin : nous n'avons pas cru cependant devoir les supprimer, et nous pensons qu'elles leur seront utiles , au moins par les nombreux exemples dont elles sont accompagnées.

354. On considère encore, comme faisant partie de la psal-

modie, certaines pièces qui ont en effet quelque analogie avec le chant des psaumes. Ce sont les *Litanies*, le *Venite exulte-mus*, qui commence les matines, le *Te Deum*, qui les suit, les *Lamentations*, espèces de leçons qui se chantent à l'office des ténèbres, et les *Traits*, qui remplacent l'Alleluia dans les temps de pénitence. Ces pièces sont généralement toutes notées dans les livres de chant, et ne présentent aucune difficulté particulière.

<h2 style="text-align:center">§ III.</h2>

<h3 style="text-align:center">Plain-Chant proprement dit.</h3>

355. Les pièces de chant qui font partie de ce paragraphe se divisent en deux classes principales : celle des *Antiennes* et celle des *Répons*.

<h3 style="text-align:center">ANTIENNES.</h3>

356. Les Antiennes sont de petites pièces qui accompagnent le plus souvent les psaumes.

357. On distingue les Antiennes de la Messe, celles des Heures, et celles qui se chantent dans quelques circonstances particulières.

358. Les Antiennes de la Messe sont l'*Introït*, qui se chante au commencement, lorsque les fidèles sont entrés, et que le prêtre s'avance vers l'autel ; l'*Offertoire*, qui se chante pendant que l'on fait l'offrande ; enfin, la *Communion*, qui se chante après la communion du prêtre.

359. Autrefois, ces antiennes étaient accompagnées d'un psaume. On ne chante plus maintenant qu'un seul verset et le *Gloria Patri* à la suite de l'introït, après quoi on répète l'antienne.

360. Le verset du psaume est noté en entier à la suite de l'antienne ; mais le *Gloria* n'est indiqué ordinairement que par les mots *Gloria et seculorum, amen.* En examinant la formule ci-après, on trouvera sans peine comment on peut le chanter sur la note même du verset. D'ailleurs, les formules entièrement notées pour les huit modes font partie de ce qu'on appelle les *chants communs.*

361. Ordinairement c'est une voix seule qui chante le verset jusqu'à la médiante, et le *Gloria* jusqu'à *Spiritui sancto.* Le chœur se réunit pour terminer ces deux parties comme pour l'antienne.

362.
Introït.

Glo- ri- a Patri, et Fi- li- o, et Spiri- tu-i Sancto;

si- cut e-rat in princi-pi- o, et nunc, et semper, et in se-

cu-la secu-lo- rum. A-men. Pa- rvu-lus, etc.

363.
Offertoire. Im- pro-pe- ri-um expecta-vit cor me- um,

et mi- se- ri-am : et su- stinu- i qui simul me-cum

contrista- re- tur, et non fu- it : conso-lan- tem me

quæ- si- vi, et non in- ve- ni : et de-de-

runt in e-scam me- am fel, et in si- ti me- a

pola-ve- runt me a-ce- to.

364.
Communion. Spi- ri-tus San- ctus do- ce-bit vos,

365. Le style des introïts est en général noble, simple et soutenu ; celui des offertoires présente plus de grandeur et de pompe ; celui des communions joint la brièveté à la précision.

366. Les Antiennes des Heures se lient toujours aux psaumes. A Vêpres, Matines et Laudes des fêtes doubles, l'antienne se chante avant et après le psaume. Dans les autres Heures et aux fêtes simples, l'antienne se chante seulement après le psaume, et l'on se contente d'en chanter les premiers mots avant celui-ci : c'est ce qu'on appelle *imposer l'antienne*. Ce dernier mode est même le seul en usage dans quelques églises.

369. Les Antiennes des Heures sont les plus courtes, les plus simples, les plus faciles des pièces de ce genre. Elles ont une marche rapide, et elles arrivent sans gêne à la finale.

370. On donne encore le nom d'antienne à certaines pièces plus ou moins longues qui ne s'adaptent à aucun psaume, mais qui ont la coupe et l'allure des antiennes ordinaires. Parmi ces pièces, on remarque les antiennes à la sainte Vierge, qui se chantent après Complies. Nous en avons donné une au n° 252.

371. Les antiennes ont à peu près toutes la même couleur générale ; elles ne diffèrent guère que par une plus grande abondance de notes données à celles qui doivent être plus solennelles. Du reste, l'expression s'y montre généralement nette et précise, la mélodie est claire et facile, et le rapport des paroles à la musique s'y trouve plus évident que dans les autres pièces.

RÉPONS.

372. Les Répons sont des pièces qui se chantent le plus souvent après les leçons. On les appelle ainsi, soit parce qu'ils marquent l'assentiment à ce qu'on vient d'entendre, et forment une espèce de réponse à la leçon qui a précédé, soit plutôt parce que le chœur répond à ceux qui le chantent, d'où il résulte une espèce de dialogue.

373. Il y a quatre choses à considérer dans un répons : 1° le *corps* du répons, indiqué par l'abréviation ℞ ; 2° le *verset*, indiqué par ℣ ; 3° le *Gloria Patri*, ou le *Requiem* pour l'office des morts ; 4° les *réclames*, ou reprises d'une partie du corps du répons après le verset et le *Gloria Patri*. Les réclames sont indiquées par les signes, † * ¶, suivant leur nombre ; la note qui les termine, est aussi la finale de toute la pièce.

374. Les répons sont, en général, d'un style plus relevé que celui des antiennes ; ils se prêtent beaucoup plus au solennel, et les phrases y sont plus longues et plus chargées de notes.

375. On distingue les Répons de l'Office et ceux de la Messe ; les premiers se subdivisent en *grands Répons* et en *Répons brefs* ; les seconds comprennent les *Graduels* et les *Alleluia*.

376. Les grands Répons se chantent ordinairement après les leçons de l'office.

377. Les Répons brefs ne diffèrent des précédents que par leur brièveté ; ils se chantent après les capitules qui ne sont eux-mêmes que des leçons très-courtes.

378. Les Répons-graduels se disent immédiatement après l'Epître, et se composent de deux parties seulement : le corps du répons et son verset. Ils sont appelés *graduels*, parce qu'ils se chantaient autrefois sur les degrés de l'ambon, espèce de tribune où le diacre montait pour réciter l'Evangile.

379. L'*Alleluia* est un petit répons qui suit le Graduel, et dont le corps se compose du mot *alleluia* répété. Après le verset on reprend de nouveau : *alleluia.*

380.
Grand Répons.

† Et ha-be-o cla-ves mo- rtis et in- fe- rni,
a- lle- lu- ia, a- lle- lu- ia, a- lle-
lu- ia. ℣. Ego dormi- vi, et sopo-ra- tus sum;
et exsurre- xi, qui-a Do- minus susce- pit me.
*Et e-cce. Glo- ri-a Pa- tri, et Fi- li- o,
et Spi-ri- tu-i San- cto. † Et ha-be- o.
381.
Graduel.
Hæc est di- es, quam fe-cit
Do- minus : exulte-
mus, et læ- te- mur in
e- a. ℣. Confi- te- mi-ni Do-
mino, quo- ni-am bo nus : quo-ni-

MESSE.

383. Sous ce titre, nous comprenons certaines pièces qui font toujours partie de l'ordinaire de la messe, et qui se chantent à deux chœurs comme les psaumes.

384. Le chant de ces pièces varie suivant le degré des fêtes; il est plus animé et plus mélodieux que celui des antiennes ; et, par la reproduction des mêmes phrases, il a quelque ressemblance avec les hymnes et les proses.

385. Ces pièces sont 1° le *Kyrie eleison*, qu'on appelait autrefois la *Litanie* ou la *supplication*. Entre ces deux mots étaient intercalées d'autres paroles pieuses qu'on a supprimées ensuite sans toucher à la mélodie. C'est ce qui explique le grand nombre de notes dont ils sont aujourd'hui accompagnés.

2° Le *Gloria in excelsis*, chant d'allégresse et de jubilation, appelé hymne angélique, parce qu'il commence par les paroles de l'Ange, annonçant aux bergers la naissance de Jésus-Christ.

3° Le *Credo*, ou profession de foi, qui se chante en certains lieux par les deux chœurs réunis, pour exprimer plus sensiblement l'unité de croyance.

4° Le *Sanctus* ou trisagion, qui fait suite à la Préface.

5° Enfin, l'*Agnus Dei*, qui se chante après le *Pater*.

386. La réunion de ces cinq pièces forme ce que les musiciens appellent *une Messe*. Nous donnons pour exemple la messe des doubles-majeurs, qui est généralement estimée, en adoptant les corrections proposées par M. de La Fage pour régulariser quelques repos défectueux.

Gra-ti- as agimus ti- bi pro-pter magnam glo-
ri- am tu-am. Domine De- us, Rex cœle- stis, De-
us Pa- ter emni-po-tens. Domi-ne, Fi- li u-ni-ge-
ni-te, Je- su Chri- ste. Domine De- us, Agnus
De- i, Fi- li-us Pa- tris. Qui to-llis pecca-ta mun-di,
mise-re- re no-bis. Qui to-llis pecca-ta mundi, su-
scipe depreca-ti-o- nem nostram Qui se- des ad de-
xteram Pa- tris, mi-se-re- re no-bis. Quoni- am tu so-
lus Sanctus. Tu so- lus Do-minus. Tu so-lus Altis- si-
mus, Je- su Chri- ste. Cum San- cto Spi- ri-tu
in glo- ri- a De-i Pa- tris. A- men.

389.
Credo in unum De- um, Pa-trem om-nipo-ten-tem,
fa-ctorem cœ-li et te-rræ, vi-si-bi-li-um om-ni-um et
invi-si-bi-li-um. Et in unum Dominum Jesum Chri-stum,
Fi- li-um De- i uni-ge- ni-tum. Et ex Patre natum ante
o-mni- a secula. De- um de De- o, lumen de lumi-ne,
De-um verum de De- o ve- ro. Genitum, non factum, con-
substan-ti-a-lem Patri : per quem om-ni- a facta sunt.
Qui propter nos homines, et propter nostram sa-lu-tem de-
scendit de cœ-lis. Et in-carna-tus est de Spi-ri-tu Sancto ex
Mari- a Virgi-ne : ET HOMO FACTUS EST Cru-ci-fixus
e-ti- am pro no-bis sub Ponti-o Pi-la- to, pa-ssus et

se-pul-tus est. Et re-su-rrexit ter-ti- a di- e, se-cundum
Scriptu-ras. Et ascendit in cœ-lum: se-det ad dexte-ram
Pa-tris. Et i-terum ventu-rus est cum glo-ri- a , ju-di-
ca-re vivos et mo-rtu- os: cu-jus regni non e- rit fi- nis
Et in Spiri-tum sanctum, Dominum et vi-vi- fi-cantem : qui
ex Patre Fi-li-o-que proce- dit. Qui cum Pa-tre, et Fili-o
simul ado-ra-tur, et conglori-fi-ca- tur: qui locu-tus est per
Prophe- tas, Et unam San- ctam, Catho-li-cam, et Apo-
sto-licam Eccle- si- am. Confi-te- or unum ba-ptisma in
remissi- onem pecca-to- rum, Et expe-cto resu-rre-cti-onem
mortu- o- rum. Et vitam ventu-ri se-culi. A men.

390.
San- ctus, San- ctus, Sau- ctus, Dominus De- us sa- ba-oth. Pleni sunt cœli et te- rra
glo- ri- a tu- a. Ho-sa- nna in excelsis. Bene-di-ctus qui ve-nit in nomi-ne Domini. Ho-sa- nna in e- xce- lsis.
391.
A-gnus De- i, qui to- llis pe-cca-ta mundi,
mi-se-re- re no- bis. A-gnus De- i, qui to- llis
pecca-ta mun- di, mise-re- re no- bis. Agnus
De- i, qui to- llis pecca-ta mundi, dona no-
bis pa- cem.

§ IV.

Hymnes et Proses.

392. Les Hymnes et les Proses sont des pièces de poésie latine , qui se subdivisent en plusieurs parties égales appelées *strophes*.

393. Les Proses sont ainsi appelées, parce que la prosodie latine y est observée moins rigoureusement que dans les Hymnes. On les appelle encore *Séquences* comme étant la suite de l'*alleluia*, et remplaçant la neume qui termine cette pièce.

394. Le chant des hymnes et des proses est en général plus animé et plus mélodieux encore que celui des messes. Il est assujetti à certains rhythmes qui dépendent de la mesure du vers, et à des modulations qui se terminent complètement avec la strophe.

395. Les Hymnes renferment quelquefois certains vers dans lesquels deux syllabes ne doivent compter que pour une seule, ce que l'on désigne généralement par le mot *élision*. Telles sont les suivantes :

Monstra *te esse* Matrem.

Infu*nde a*morem cordibus.

396. Il faut, dans ce cas , partager la note affectée aux deux syllabes réunies, le plus également possible, ou bien , si on peut le faire convenablement, emprunter des notes au groupe suivant. Exemples :

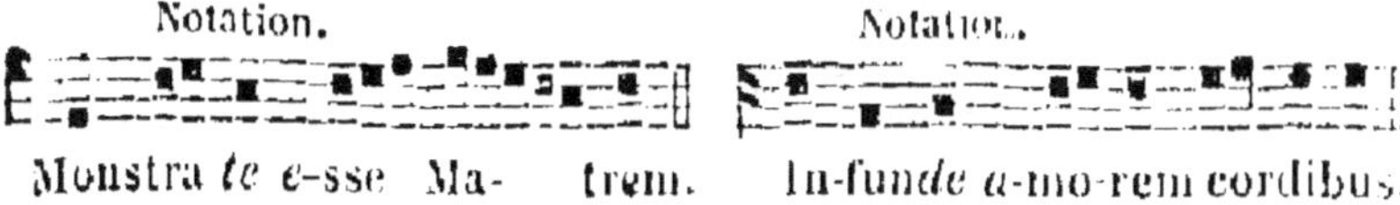

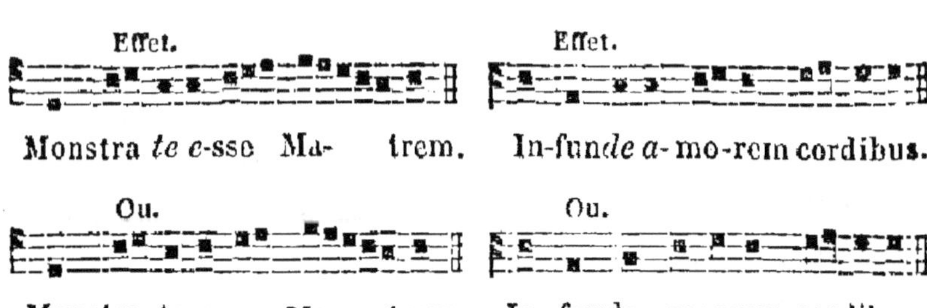

Les livres de chant indiquent ordinairement de quelle manière on doit faire les élisions.

397. Parmi les hymnes et les proses, les unes n'ont qu'un rhythme irrégulier, les autres peuvent avoir, et ont, en effet, dans certains diocèses, un rhythme régulier. Nous allons donner quelques exemples de chacune de ces deux espèces.

398. Voici d'abord l'hymne de saint Jean-Baptiste, disposée par Guy d'Arezzo, pour la solmisation ; les notes qui commencent chaque membre de phrase étant nommées par la syllabe qui leur correspond.

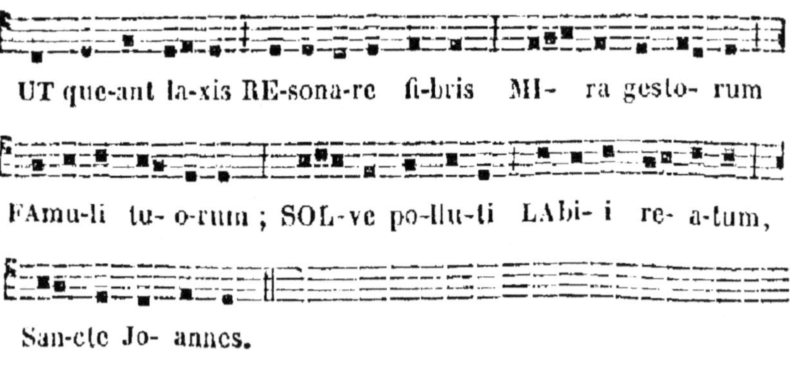

299.
Hymne de l'Épiphanie.

veni- re quid ti-mes? Non e- ri-pit mo-rta- li-a,

Qui re-gna dat cœ-lesti- a.

490.
Hymne des Martyrs.
Sanctorum me-ri-tis incly-ta gau-

di- a Panga-mus, so-ci- i, ge-sta-que for-ti-a : Gli-scens

fert a-nimus pro-mere canti-bus Vi-ctorum genus optimum.

401.
Hym. actuelle de S. Jean.
Ut que- ant la- xis re-sona-re fibris,

Mira ge-storum famu-li tu-o-rum; So- lve po-llu-ti

labi- i re-a tum, San-cte Jo- annes.

402.
La même hymne,
mesurée à 2 temps.
Ut que- ant la- xis reso- na-ro

fi- bris, Mi- ra ges-to- rum fa-mu- li tu- o-rum; So-

lve po-llu- ti la-bi- i re- a- tum, San-cte Jo- a- nnes.

403.
Hymne de S. Pothin,
mesurée à 2 temps.

404.
Hymne de S. Joseph,
à 2 temps.

405.
Hymne de S. Vincent,
à 3 temps.

406.
Hymne du S. Rosaire,
mesurée à 3 temps.

407.
Prose du jour de Pâques.

408.
Prose de la Pentecôte,
mesurée à 3 temps.

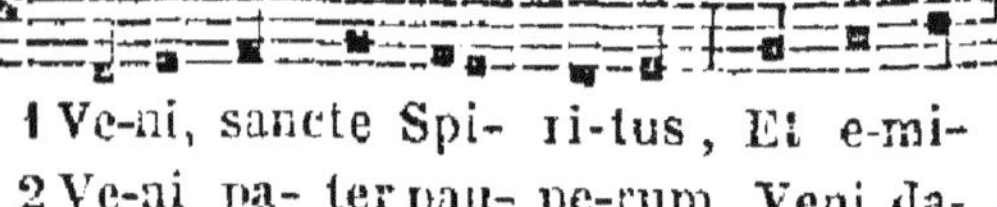

1 Ve-ni, sancte Spi- ri-tus, Et e-mi-
2 Ve-ni pa- ter pau- pe-rum, Veni da-

tte cœ- li-tus Lu-cis tu- æ ra-di- um. 3 Conso-la-tor op-ti-
tor munerum, Ve-ni lumen cordi-um. 4 In labo-re re-qui-

me, Dul-cis ho-spes a- nimæ, Dulce re- fri- ge- ri- um.
es, in æs- tu tem- pe-ri- es, In fle-tu so- la- ti- um.

5 O lux be- a- ti-ssi-ma, Re-ple cor-dis in-ti-ma,
6 Si-ne tu- o nu-mi-ne, Ni-hil est in ho- mine,

Tu- orum fi- de- li- um. 7 La- va quod est sor- di-dum,
Ni- hil est in- no- xi-um. 8 Flecte quod est ri- gi-dum.

Ri- ga quod est a- ri-dum, Sa- na quod est sau-
Fo- ve quod est fri- gi-dum, Re- ge quod est de-

ci- um. 9 Da tu- is fi-de- li-bus, In te con- fi-denti-bus,
vi- um. 10 Da vir-tu-tis me-ri- tum, Da sa-lu- tis e- xi-tum,

Sa-crum septe-na- ri- um.
Da pe- renne gau-di- um. A- men.

§ V.

Chants pour diverses circonstances.

POUR LE TEMPS DE L'AVENT.

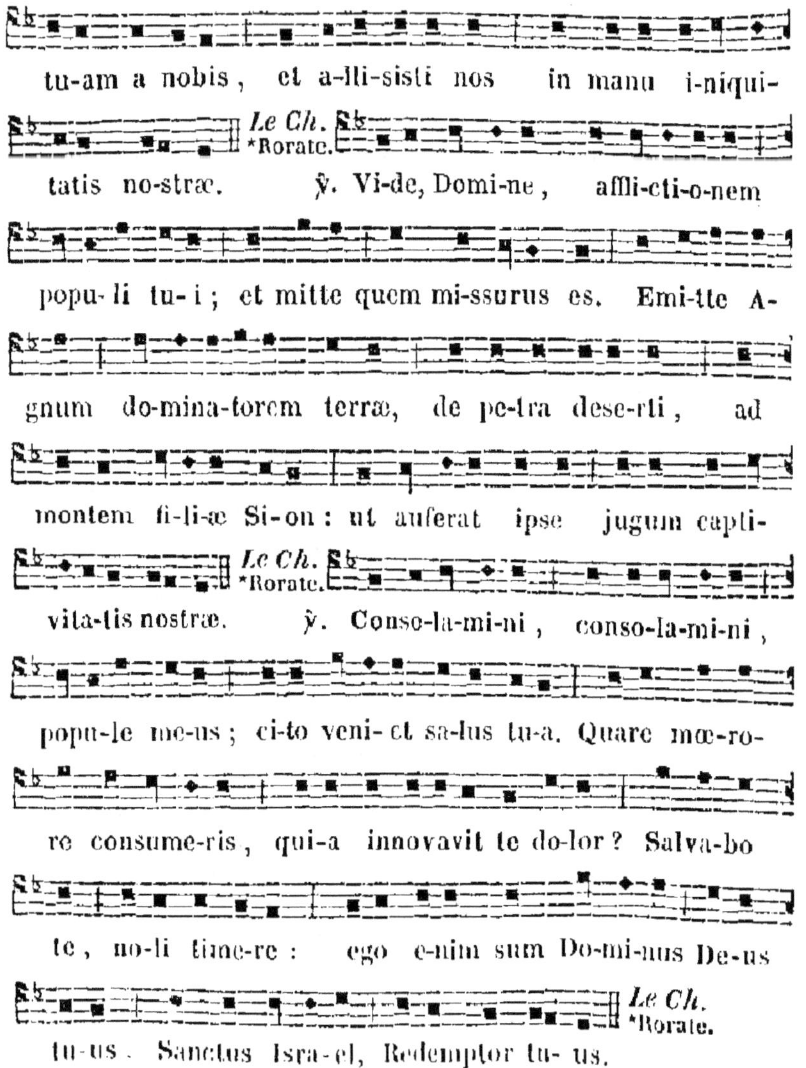

tu-am a nobis, et a-lli-sisti nos in manu i-niqui-
Le Ch. *Rorate.
tatis no-stræ. ℣. Vi-de, Domi-ne, affli-cti-o-nem
popu-li tu-i; et mitte quem mi-ssurus es. Emi-tte A-
gnum do-mina-torem terræ, de pe-tra dese-rti, ad
montem fi-li-æ Si-on: ut auferat ipse jugum capti-
Le Ch. *Rorate.
vita-tis nostræ. ℣. Conso-la-mi-ni, conso-la-mi-ni,
popu-le me-us; ci-to veni-et sa-lus tu-a. Quare mœ-ro-
re consume-ris, qui-a innovavit te do-lor? Salva-bo
te, no-li time-re: ego e-nim sum Do-mi-nus De-us
Le Ch. *Rorate.
tu-us. Sanctus Isra-el, Redemptor tu-us.

POUR LE TEMPS DE NOEL.

ado- remus ; ve- nite, a-do- re-mus Do-mi-num.

En grege relicto, humiles ad cunas
Vocati pastores approperant :
* Et nos ovanti gradu festinemus. Venite, etc.

Æterni Parentis splendorem æternum
Velatum sub carne videbimus.
* Deum infantem, pannis involutum. Venite, etc.

Pro nobis egenum et fœno cubantem
Piis foveamus amplexibus.
* Sic nos amantem quis non redamaret? Venite, etc

POUR LE TEMPS DE CARÊME.

ccide- rit nobis ; peccavimus cum patribus no-stris injuste e-gimus; mul ti-pli-ca-tæ sunt super capillos ca-

pi-tis i-niqui-ta-tes nostræ. ℣. Contristati su-

mus in exer-ci-ta-ti- o-ne nostra, et conturba- ti su-

mus a voce i-nimi-ci, et a tribu-la-ti- o-ne pecca-to-

rum; in pro-ximo est pe-rdi-ti-o nostra, et non est

qui a-djuvet; fo-rmido mo-rtis ce-ci-dit su-per nos.

Le Ch.
Attende.
℣. Cor con-tri-tum et hu-mi-li- a-tum ne de-spi-ci-

as, Domi-ne, in je-juni- o et fle-tu te de-preca-mur

nos. E-le-e-mosynam conchidi-mus in sinu paupe-rum,

et ip-sa exo-ra- bit te pro no-bis : converti-mur ad te,

quo-ni-am multus est ad i-gno-scen-dum. ℣. Au-di,

A L'ÉLÉVATION.

II. O saluta- ris Ho- sti-a, Quæ cœli pan-dis o-sti- um !
Bel-la pre-munt ho-sti-li-a, Da robur fer au-xi- li- um.
Messe des morts.
O sa-luta- ris ho-sti-a sa- cra, in-teger homo, De-i-tas ve- ra, fons et o-ri- go prima sa-
lu- tis ! parce de-fun-ctis. Requi -em cunctis, quæsumus,
do- na, in te de-functis: et lux æte-rna, me-ritis cle-
mens et pi- e-ta- tis, luce-at e- is. A- men.
Autre.
Je- sus, Sa-lva- tor mun- di, e- xaudi pre- ces
su-pplicum. ✠ Mi- sere-mini me- i, misere-mi-ni me- i,
sa-ltem vos, a-mi-ci me- i : qui-a manus Do-mi-ni
te- ti-git me. Qua-re posu-i-sti me con-tra-ri-um

BÉNÉDICTIONS DU SAINT-SACREMENT.

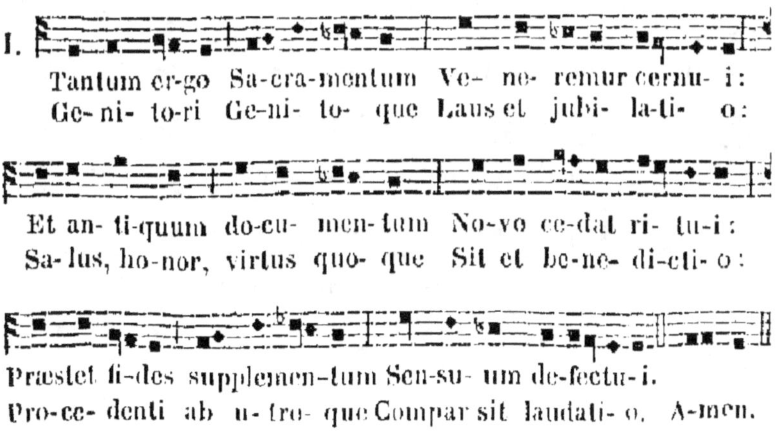

II.
Pange lin-gua ; glo-ri-o- si Corpo-ris mys-te- ri-
um, Sangui-nisque pre-ti-o- si quem in mundi pre-
ti-um Fructus ventris ge-ne-ro- si Rex effu- dit gen-ti-um.
III.
Pange lingua glo-ri-o- si Corpo-ris my-ste-ri- um,
Sanguinisque pre-ti-o- si Quem in mundi pre-ti-um Fru-
ctus ventris ge-ne-ro-si Rex effudit genti- um.
IV.
Tantum ergo Sacramentum Ve-neremur ce-rnu-i : Et
an-tiquum documentum No-vo ce-dat ri- tu- i : Praestet
fides supplementum Sen-su-um de- fe- ctu-i. A-men.
V.
Adoremus in ae-te- rnum, sancti-ssi-mum Sa- cra-
Le C5.
Adoremus.
mentum. V. Lau-da-te Do-minum o-mnes gen-

tes, lau-da-te e- um o- mnes po-pu-li. ℣. Quoni-

am con-firma- ta est super nos mi-se-ri-cordi- a e-

jus, et veritas Domini ma- net in æ-te-rnum.

℣. Glo-ri- a Patri, glo-ri-a Fi- li-o, glori- a Spi-ritu- i

san-cto. ℣. Sicut e- rat in principi-o, et nunc,

et sem-per, et in secu-la se-cu-lo-rum. A-men.

ANTIENNES A LA SAINTE VIERGE.

I. Re-gina cœ- li, Re-gi-na cœ- li, Regina cœ- li

læta- re, læ ta- re alle-lu-ia, alle-lu- ia.

℣. Qui-a quem me-ru-i-sti, qui-a quem me-ru- isti portare,

a-llelu- ia, alle-lu- ia, alle-lu- ia. ℣. Resurre-

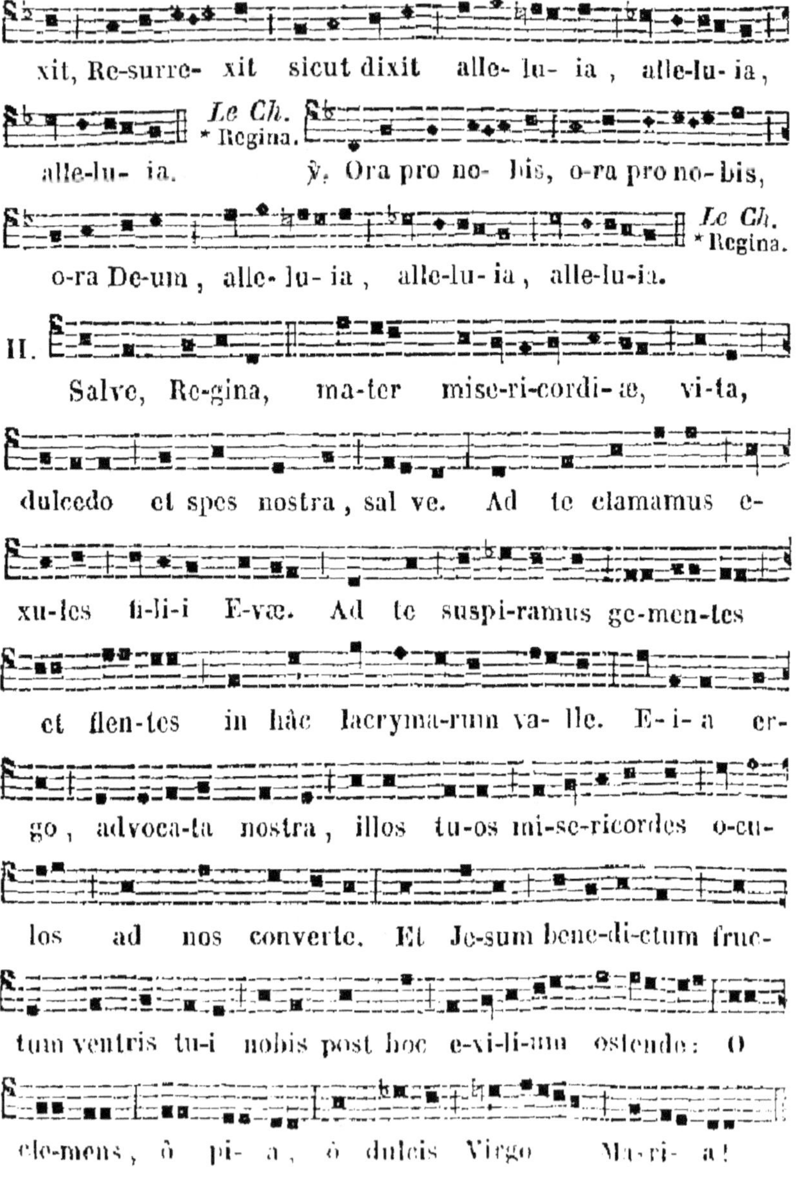
xit, Re-surre- xit sicut dixit alle- lu- ia , alle-lu- ia,
Le Ch.
* Regina.
alle-lu- ia.
℣. Ora pro no- bis, o-ra pro no-bis,
o-ra De-um , alle- lu- ia , alle-lu- ia, alle-lu-ia.
Le Ch.
* Regina.
II.
Salve, Re-gina, ma-ter mise-ri-cordi- æ, vi-ta,
dulcedo et spes nostra , sal ve. Ad te clamamus e-
xu-les fi-li-i E-væ. Ad te suspi-ramus ge-men-tes
et flen-tes in hàc lacryma-rum va- lle. E- i- a ergo , advoca-ta nostra, illos tu-os mi-se-ricordes o-cu-
los ad nos converte. Et Je-sum bene-di-ctum fruc-
tum ventris tu-i nobis post hoc e-xi-li-um ostende: O
cle-mens, ò pi- a , ò dulcis Virgo Ma-ri- a !

LITANIES DE LA SAINTE VIERGE.

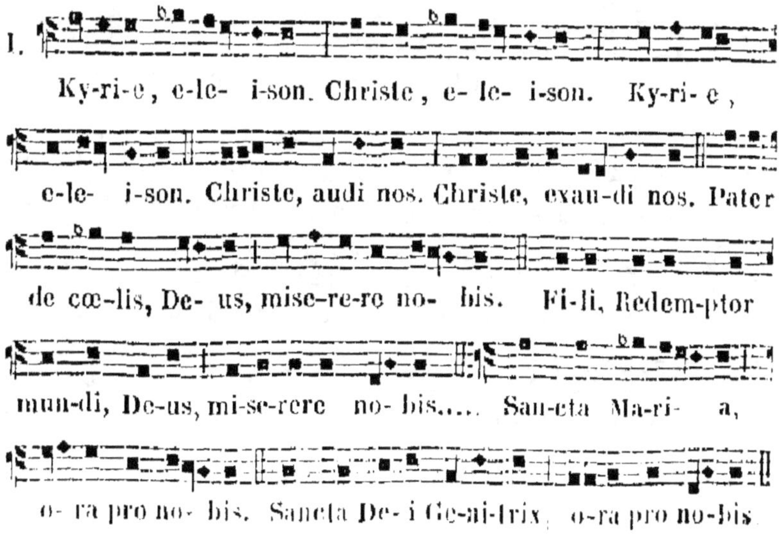

II. Ky- ri- e, e- le-i-son. Christe, e-le- i-son.

Ky-ri- e, e- le- i-son. Christe, au-di nos. Christe, exau- di

nos. Pa-ter de cœ-lis, De- us ; Fi-li, Redem-ptor mundi

De- us; Spi-ri-tus sancte De- us, mi-se-re-re no-bis. Sancta

Trini-tas , unus De-us, mi-se- re-re no-bis. San-cta Mari- a ,

Sancta De-i Genitrix, Sancta Virgo virginum. o- ra pro

no-bis. Ma-ter Christe , o- ra pro no- bis.

III. Ky- ri-e, e- le- ison. Christe e-le- i-son.

Ky- ri- e, e-le- i-son. Christe, au-di nos, Chri-ste

exau-di nos. Pa-ter de cœlis, De- us, Fi-li, Redem-ptor

mundi , De- us Spi-ri-tus sancte, De- us, mi-se-re-re

no-bis San-cta Tri-nitas, unus De- us, mi-se-re-re no-bis.

Sancta Ma-ri- a, Sancta De-i Ge- nitrix, Sancta Vi-rgo

vir-ginum, o- ra pro no-bis. Ma-ter Christi, o-ra pro nobis.

Agnus De-i ... pecca-ta mundi, parce no-bis, Do-mine. iij

Christe, audi nos, Christe exau-di nos.

IV. Kyri- e, e- le- i-son. Christe, e- le- ison. Ky-ri-e, e-le-

i-son. Chri- ste audi nos, Chri-ste exau-di nos. Pa-ter

de cœlis, De-us, mi-se-re-re no-bis... San-cta Ma- ri- a,

o-ra pro no-bis. Sancta De- i Geni-trix o-ra pro no-bis.

V. Kyri-e, e-le-ison, Christe, e-le-ison, Kyri-e, e-le- i-son.

Pater ... De-us, misere-re nobis...Sancta Mari-a, ora pro nobis.

11

CONCLUSION.

Nous avons fait connaître les principes et la pratique du Plain-Chant ; nous avons indiqué les principales pièces de l'Office divin, et la manière de les chanter ; il ne reste plus, à ceux qui ont suivi nos leçons, qu'à bien se pénétrer des habitudes de leur paroisse , et de l'ordre des matières contenues dans leur livre, pour être en état de se mêler au chœur des chantres. Puissent-ils se réunir en grand nombre, et préluder, par l'accord des voix et l'union des cœurs, aux cantiques de louanges et d'actions de grâces, qui réjouissent les bienheureux habitants du ciel !...

ET NUNC IN OMNI CORDE ET ORE COLLAUDATE ET BENEDICITE NOMEN DOMINI.

Et maintenant , de tout votre cœur et de toute votre bouche , louez tous ensemble , et bénissez le nom du Seigneur.

Ecclésiast. XXXIX, 41.

VOCABULAIRE

DES PRINCIPAUX TERMES DE PLAIN-CHANT.

Les chiffres indiquent le numéro où se trouve l'explication du mot lorsqu'elle n'est pas donnée ici.

A

A CAPELLA. Composition destinée à l'Eglise, et écrite dans les modes du Plain-Chant.

ACCENT. Modification de la voix, sous l'impression d'un sentiment, d'une passion quelconque. Accent musical et prosodique, 262; place de l'accent, 269; correspondance des deux espèces d'accents, 267.

ACCENT D'EGLISE. Inflexions de la voix dans le chant des Epîtres, des Evangiles, des Leçons, etc.

ACCENTUATION. Action d'accentuer; en quoi elle consiste, 257; elle est nécessaire pour la bonne exécution, 257.

ACCENTUER. Exprimer les accents musicaux.

ACCOMPAGNATEUR. Celui qui accompagne un chant avec un instrument. Le piano et l'orgue sont les principaux instruments d'accompagnement.

ACCOMPAGNEMENT. Parties harmoniques qui soutiennent les voix ou un chant, et qui s'exécutent ordinairement par des instruments.

ACCORD. Union de plusieurs sons suivant les règles de l'harmonie.

ACCORDER. Réparer les instruments, afin que toutes leurs parties soient au ton qu'elles doivent avoir.

ACCORDER (s'). Préparer son instrument pour qu'il soit au ton des autres.

ACCORD (tenir ou garder l'). Se dit d'un piano qui ne se dérange pas facilement, une fois qu'il a été accordé.

ACUÏTÉ. Qualité d'un son aigu.

AFFINAL (mode), 133.

AGNUS DEI, 385 et 391.

AIGLE. Pupitre où l'on place le livre de chant, et qui est surmonté d'une figure d'aigle.

AIGU. Se dit des sons élevés.

ALLA BREVA, ALLA CAPELLA. Indique une mesure à deux

temps composée d'une ou deux rondes et exécutée vivement. On ne l'emploie guère que dans la musique d'église d'où vient l'expression *alla capella*, en manière de chant d'église.

Alla Palestrina. Se dit d'un style de musique d'église, perfectionnée dans le xvie siècle par le célèbre Palestrina, compositeur de l'Eglise romaine.

Alleluia. Mot hébreu qui signifie louer Dieu avec effusion de cœur. Pièce qui porte ce nom, 379, 382.

Altération. Quelques auteurs désignent par ce mot l'effet des dièses et des bémols.

Alternatif (chant). Celui qui est alterné.

Alterner. Chanter les parties d'une pièce de chant, en se répondant tour à tour des deux côtés du chœur.

Ambitus. Etendue ordinaire de chaque mode.

Ambrosien (chant). Sorte de Plain-Chant adopté et régularisé par saint Ambroise, archevêque de Milan, dans le ive siècle.

Antienne, 356 et suivants.

Antiphonaire ou Antiphonier. Livre qui contient l'office du soir et de la nuit.

Antiphonie. Chant exécuté par des voix à l'octave les unes des autres.

Archichantre. Directeur des chantres.

Armarius. Religieux qui, dans un couvent, est chargé de la garde des livres d'office.

Articuler. Exécuter les syllabes et les notes d'une manière nette et distincte.

Attitude qu'il faut prendre en chantant, 207 et 208.

Authentique (mode), 140.

B

Barre, 31.

Barypycne. On dit qu'un chant est de l'espèce barypycne quand le tétracorde de sa finale a le demi-ton en bas, comme *mi fa sol la, si-ut ré mi*. Quarte et tierce barypycnes, qui ont le demi-ton en bas.

Baton du chantre. Signe distinctif du maître de chœur.

Bécarre, 106.

Bémol, 103; son effet quand il se trouve après la clef, 107.

Bémoliser. Mettre un bémol devant une note.

Bouche. Manière de l'ouvrir, 208 et 239.

Buffet d'orgues. Corps de menuiserie qui paraît à l'extérieur de l'instrument.

C

Cacophonie. Union discordante de plusieurs sons mal assortis.

Cadence. Chute, repos, terminaison d'une phrase musicale. ‖ Exécution bien sentie. ‖ Signifiait autrefois la même chose que trille.

Cantilène. Mélodie, air de chant.

Cantique. Toute poésie qui se chante. || Chant en langue vulgaire sur un sujet de religion ou de morale. || — *évangélique*, espèce de psaume tiré de l'Evangile, que l'on chante après l'hymne des Laudes, des Vêpres et des Complies.

Capitule. Petite leçon, 315.

Caractère des modes, 149 et suivants.

Chant des paroles, 244; chant en chœur, 287; chant grégorien, 7 ; chant métrique, 67.

Chanter. Emettre des sons appréciables : *chanter en mesure*, bien observer la valeur des notes.

Chantre. Celui qui fait profession de chanter à l'église.

Chef de chœur. Ses fonctions et comment il doit les remplir, 393 et suivants.

Chevroter. Chanter par secousses et en tremblottant.

Chœur. Réunion de chantres. || Endroit de l'église où se placent les chantres.

Circonvolution, 291.

Clavier. Assemblage des touches de l'orgue et de quelques autres instruments.

Clefs, 24 ; leur rapport, 80 ; leur emploi, 88 et 184.

Collatéraux (modes), 141.

Compairs (modes), 139.

Composer. Inventer de la musique selon les règles de l'art.

Compositeur. Celui qui compose de la musique.

Confinale. Note inférieure de l'octave d'un mode plagal.

Conjoint. Voyez degré.

Connexes (modes), 145.

Consonnance. Union agréable de deux sons.

Consonnant. Se dit des intervalles qui produisent des consonnances, ou des accords qui en sont composés.

Constitution des intervalles, 95.

Copier. Ecrire de la musique d'après un exemplaire qu'on a sous les yeux.

Corde. Ce mot signifie, en musique, la même chose que voix ou son.

Croque-note ou croque-sol. Musicien qui exécute sans expression, sans goût ni intelligence.

D

Dactyle, dactylique. Se dit de la mesure à deux temps égaux, ou des pieds composés d'une longue et de deux brèves.

Décompter. Faire passer la voix par les degrés intermédiaires d'un intervalle pour trouver plus facilement l'intonation de l'un des tons extrêmes.

Degré. Place des notes sur la portée. Degrés conjoints ou disjoints, 89.

Demi-ton, 81, 83.

Détonner. Sortir du ton.

Deutère ou deuterus, 138.

E

F

G

GAMME, 79 ; — générale, 80 ; — partielle, 84, 85, 112.

GLORIA in excelsis, 385, 388.

GRADUEL, 378, 381. ‖ Livre qui contient le chant des offices de la messe.

GRAVE. Se dit d'un mouvement lent et des sons peu élevés.

GRAVITÉ. Qualité des sons graves par rapport à d'autres plus élevés.

GRÉGORIEN (chant), 7.

GUI ou GUIDO, surnommé l'*Arrétin* ou d'*Arrezo*, parce qu'il naquit dans la ville d'Aretium, aujourd'hui Arrezo, est célèbre par les perfectionnements extraordinaires qu'il a apporté dans l'art musical. On croit qu'il est mort vers l'an 1050.

GUIDON, 29.

H

HARMONIE. Suite d'accords. ‖ Convenance dans le timbre et la suite des sons.

HAUT. Aigu.

HÉMIDITON. Nom grec de la tierce mineure.

HEURES. Parties de l'Office qui se disent à certaines heures du jour et de la nuit, savoir : *Matines*, à minuit; *Laudes*, au point du jour, avant le lever du soleil; *Prime*, à la première heure du jour au temps de l'équinoxe, c'est-à-dire, à six heures; *Tierce*, à la troisième heure du jour, ou neuf heures : *Sexte*, à la sixième heure ou midi; *None*, à la neuvième heure, ou troisième heure du soir ; *Vêpres*, à la dernière heure avant le coucher du soleil; et *Complies*, au jour accompli, c'est-à-dire, après le coucher du soleil.

HOMOPHONIE. Chant exécuté par des voix à l'unisson.

HYMNAIRE. Livre de chant contenant des hymnes.

HYMNE. Chant en l'honneur de la Divinité ou des héros. L'hymne se rapporte aux personnes, le cantique se rapporte plus spécialement aux actions, 392 et suivants.

HYPODORIEN, HYPOÉOLIEN, HYPOIONIEN, HYPOLYDIEN, HYPOMIXOLIDIEN, HYPOPHRIGIEN, 151.

I

IMPAIRS (modes). Ceux qui occupent un rang impair dans la nomenclature, savoir : les 1ᵉʳ, 3ᵉ, 5ᵉ, 7ᵉ.

IMPARFAIT (mode), 143.

INFÉRIEURS (modes), 141.

INTERGIDENCE, 291.

INTERLUDE. Petit morceau joué entre les strophes d'une hymne, ou entre un psaume et un autre.

INTERVALLE. Distance d'un

MÉLODIE. Succession de sons produits par des voix ou des instruments de musique.

MÉLOPÉE. Chez les Grecs, art de la composition musicale.

MÉSOPYCNE. On dit qu'un chant est de l'espèce mésopycne, quand le tétracorde de sa finale a le demi-ton au milieu : *ré mi fa sol*. Quarte —.

MESSE, 383 et suivants.

MESURE, 43; — à deux temps, 70; — à trois temps, 71, 72; manière de battre la mesure, 73 et suivants.

MÉTHODE. On dit d'un chanteur dont la voix est bien posée, dont la vocalisation est correcte et la prononciation bien articulée, qu'il a une *bonne méthode*.

MÉTRIQUE (chant), 67 et suivants.

MISE de voix, 210.

MIXOLYDIEN, 151.

MIXTES (modes), 145.

MODALES (notes), 122.

MODES , 109 et suivants ; division de leurs gammes , 113 ; leurs notes principales , 123 ; leur réduction à huit , 130 et suivants ; tableau des modes , 120 et 136 ; modes compairs , 139 ; autres dénominations , 140 et suivants, 151; leurs caractères, 149 et suivants; moyens de les reconnaître, 163 et suivants.

MOUVEMENT, Ce que c'est, 45; comment on l'obtient, 48 ; ses variations, 301 et 302 ; qui doit l'indiquer dans le chant en chœur, 301.

MUANCES. Ce mot exprime les changements de noms des notes qu'on faisait autrefois dans la solmisation pour nommer toujours *mi fa*, celles qui formaient un demi-ton.

MUSICIEN. Celui qui exécute ou qui compose de la musique avec intelligence des principes de l'art.

MUSIQUE, 2.

N

NATURELS. Se dit des sons qui ne sont pas modifiés par le bémol ou le dièse.

NEUMES. Signes de notation au moyen-âge. ‖ Suite de notes qui résume le mode sur la dernière syllabe d'un morceau.

NOCTURNE. Partie des Matines composée de trois psaumes et de trois leçons.

NOEL. Cantique en l'honneur de la naissance de Notre-Seigneur Jésus-Christ.

NOTATION, 11.

NOTER. Écrire avec des notes la musique que l'on compose ou que l'on a retenue de mémoire.

NOTES , 18 ; notes principales , 122; emploi et valeur de la longue , 55 et suivants ; de la moyenne , 53 et 54 ; de la brève, 63 et 64.

O

Octave, voyez *intervalle* et *diapason*.

Offertoire, 358 et 363.

Office divin. Ensemble des prières publiques dont les psaumes forment la plus grande partie.

Oraisons (chant des), 309.

Orgue. Instrument merveilleux à touches et à vent, qui est l'expression la plus complète de l'art chrétien , et qui se prête de la manière la plus convenable à toutes les cérémonies religieuses.

Oreille. Avoir de l'oreille , c'est être sensible à la différence et à la justesse des intonations, ainsi qu'à la précision de la mesure.

Oxypicne. On dit qu'un chant est de l'espèce oxypicne quand le tétracorde de sa finale a le demi-ton en haut : *sol la si ut.* Quarte, tierce oxypicne, qui a le demi-ton en haut.

P

Pairs (modes). Ceux qui occupent un rang pair dans la nomenclature , savoir : le 2e, le 4e, le 6e, le 8e.

Périélèse, 291.

Période. Phrase musicale, composée de plusieurs membres , dont la réunion forme un sens complet.

Phrase, 273.

Phraser. Ce que c'est que bien phraser la musique, 272.

Pièces de chant qui composent l'Office, 306 et suivants.

Phrygien, 151.

Plagal (mode), 141.

Plain. Vieil adjectif qui signifie *uni. égal*

Plain-Chant, 1 et 51. *Plain-Chant musical*, espèce de chant qui se rapproche plus ou moins de la musique profane, et que l'on écrit avec les caractères du Plain-Chant accommodés , tant bien que mal, aux exigences du rhythme et de la mesure.

Ponctuation, 277 et suiv.

Portée, 21 et 22.

Préface (chant de la), 319 et 320.

Prononciation. En quoi elle consiste , 259 ; comment on l'acquiert , 260 ; ce qu'il faut encore éviter , 271 ; sa nécessité dans la récitation, 308.

Proses, 393, 407, 408.

Prote ou Protus, 138.

Psalmodie, 321 et suivants ; ce qu'il faut y remarquer, 322 et suiv. ; formules de psalmodie, 332 ; formules dites irrégulières , 333 et suiv. ; formules à deux et à trois chœurs, 337 et 338 ; règles de la psalmodie, 339 et suiv. ; pièces du même genre, 354.

Psalmodier. Réciter ou chanter des psaumes.

Psaumes. Cantiques sacrés, composés par David, ou qui lui sont attribués.

Q

R

S

T

Ton, 16 et 81 ; se prend quelquefois dans le sens de mode. Ton du chœur, 295 et 296 ; comment on l'obtient, 297 et suivants.

Tonalité. Ensemble des règles qui enseignent à former les gammes dans tous les tons. || Prédominance de tel ou tel système.

Tonique. Première note d'une gamme, ainsi nommée parce qu'elle en détermine le ton ou degré d'élévation.

Touches. Parties de certains instruments sur lesquelles les doigts agissent pour produire les sons.

Trait, 354. Le trait, d'après l'étymologie de son nom, est un *chant traîné*, une sorte de psalmodie chargée de notes, et exécutée avec lenteur et tristesse. Néanmoins, dans plusieurs églises, cette pièce est exécutée plus vivement que les autres.

Transposition, 174 ; premier moyen de transposer, 177 ; second moyen, 180 ; moyen de trouver la clef convenable, 183 ; — l'armure de la clef, 185 et suiv. ; utilité des transpositions, 176 et 191.

Triompher une antienne, la chanter trois fois ou l'entremêler aux versets d'un cantique.

Trite ou Tritus, 138.

Triton. Intervalle de trois tons ; comment on l'évite dans le Plain-Chant, 102.

Tuiler. C'est, dans la psalmodie, commencer un verset avant la fin du précédent.

U

Union des paroles à la mélodie, 244 et suivants.

Unité. En quoi consiste l'unité d'un morceau de chant, 274.

V

Valeur. Durée des notes, 50 et suivants.

Verset. Petite subdivision d'un psaume. Chant des versets, 316 et suivants.

Vespéral. Livre qui contient le chant des offices du soir.

Vocalisation, 234 ; ses avantages, 235 et suiv.

Voix, 195 ; ses qualités, 197 ; moyens de les développer, 201 et suiv. ; moyens de conserver la voix, 214.